1人め

虫は心の休《きゅう》憩《けい》所《じょ》

藤崎亜由子さん

取材の前に、
神戸の喫茶店で
ひとやすみ。

そもそも人は、いつ、どこで虫ぎらいに、あるいは虫好きになるのだろうか？　それとも世の中には、生まれつき虫が好きな人と虫がきらいな人が存在《そんざい》するのだろうか？

まわりに聞くと、「子どものころは、バッタもチョウも平気で手づかみしていたけど、今はもうさわれない」という人が結構いる。とくに、田舎で育って現在は都会住まいの大人に多い。「虫好き」として幼少期《ようしょうき》を過ごしたものの、どこかの時点で虫から遠ざかって、気づかぬうちに曲がり角を曲がり、そのまま「きらい」の道を進んでしまったタイプだ。

どうやら、虫ぎらいと虫好きには分岐点《ぶんきてん》があるらしい。もしかしたら、虫ぎらいのわたしもそこまでさかのぼれば、人生をやり直せるかもしれない。

その分岐点《ぶんきてん》を研究している人がいた。兵庫《ひょうご》教育大学の藤崎亜由子《ふじさきあゆこ》先生だ。お書きになった論文《ろんぶん》には、「幼児《ようじ》の昆虫観《こんちゅうかん》　身近な虫の名前に対する認識《にんしき》調査から」とか「身近な動物に対する幼児《ようじ》の好悪《こうお》感情の発達」とか気になるタイトルが並《なら》んでいる。

幼稚園児《ようちえんじ》百五十人余りをひとりひとり個別にインタビューするという手法で、子どもたちと生き物との関係を調査しているらしい。きっと虫ぎらいの心理をひもとく重要なヒントを知っているに違《ちが》いない！　わたしは兵庫へ向かった。

幼稚園《ようちえん》には三百種類の虫がいる

藤崎先生の部屋のドアをノックすると、

「はーい」

と明るい声が出迎《でむか》えてくれた。ほんわか朗《ほが》らかな雰囲気《ふんいき》は、長く幼稚園児《ようちえんじ》を対象に調査研究をしてきたせいだろうか。このやさしい笑顔で質問されたら、子どもたちは張り切って回答するだろうなぁ。

ご専門《せんもん》は発達心理学。昔から霊長類《れいちょうるい》に関する本や動物番組が好きだった。だから最初は、ペットと飼い主の関係や、幼稚園児《ようちえんじ》と園で飼育しているウサギの関係を調査して論文《ろんぶん》を書いていたという。

「そのうち、多くの子がウサギより虫に興味をもっていることに気づいたんです」

子どもにとってウサギは、抱《だ》っこのしかたを習わないと抱《だ》っこできない生き物だ。長い耳をひっぱってみたいけど、「乱暴《らんぼう》に扱《あつか》っちゃダメだよ」なんて大人に注意されたりする。つまりウサギは、自由にベタベタさわったり、つかんだり、ひっくり返したりできる対象ではない。その点、虫はどこにでもいるし、好き勝手に扱《あつか》えるおもちゃだ。虫には悪いけど、放り投げても、水たまりに落としても、まぁ、叱《しか》られることはない。そういうわけで、園児たちにとってはウサギより虫のほうが身近な存在《そんざい》なんだとか。なーるほど。

そこで藤崎先生は「子どもと虫」を研究し始めた。ちなみに先生ご自身は虫については……？

「虫、好きです。ほとんどなんでもさわれます」

とニコニコ。子どものころ沖縄《おきなわ》で暮らしていたので、大きな虫をたくさんさわって育ったという。家の中にゴキブリが出たら……？

「殺すのもアレなんで、つかんで外に放り投げます」

「えっ、素手で⁉」

「ティッシュペーパーがあれば使うかな。素手でも、まぁ、いけます」

むむ、かなりのツワモノとお見受けした。

ふじさき あゆこさん

1976年 鹿児島県生まれ

「今ちょうど、幼稚園《ようちえん》の園庭にいる虫たちの写真を撮《と》って、図鑑《ずかん》をつくろうとしているんです」

と言って、パソコンのモニタに制作中の図鑑《ずかん》を開いて見せてくれた。二年かけて三百種の虫を撮影《さつえい》したらしい。園庭って、そんなにたくさんの種類の虫がいるのか！

「ほら、これ、アオメアブ。目がめっちゃきれいなんですよ」

「このアシナガバエなんか、メタリックでかっこいいしねぇ」

なんて、まるで飼《か》い猫《ねこ》の写真を見せびらかすような口ぶりだ。ときどき写真を拡大《かくだい》して見せてくれるので油断ならない。わたしはパソコン画面に近づきすぎないように気をつけながら、「あ、ああ、なるほど」などと腰《こし》が引けたあいづちを打つ。

「こっちはハエトリグモ。ほら、毛がふさふさして、ぬいぐるみみたいでしょう？」

いや、ぬいぐるみとはぜんぜん違《ちが》うっしょ。と内心でツッコミつつも、わたしは藤崎先生の虫好きオーラ全開の雰囲気《ふんいき》に、とても惹《ひ》かれた。先生はそれぞれの虫の特《とく》徴《ちょう》を、ひとつひとつ愛《め》でていく。その虫らしさ、その土地らしさ、その人らしさ。そういう「らしさ」がたくさん集まって、この世界はできているんだもんなぁ。こんなふうに虫の多様性を愛することができたら、どんなに楽しいだろう。

専門的《せんもんてき》な昆虫《こんちゅう》図鑑《ずかん》ではなくて、「園庭にはこんな虫がいるんだよ。ちょっと探《さが》してみようか」「この虫とはこんなふうに遊ぶことができるんだよ」という視点《してん》の図鑑《ずかん》をつくりたい、と語ってくれた。

「幼稚園《ようちえん》の先生でも、虫ぎらいであることに悩《なや》んでいる人が多いんです。虫のことを知らないからきらいという面もあるような気がして。まずは知ってみよう、という提案ですね」

そうか、幼稚園《ようちえん》の先生にとって、虫ぎらいであることは「悩《なや》み」なのだ。子どもたちが「先生、見て見て！」ってつかまえた虫を無邪気《むじゃき》に見せにきたら、「ヒイー」となりながらも、引きつった笑顔で「わぁ、すごいね」と言うしかない。あぁ、たいへんだ。同情を禁じ得ない。

「年長さん女子」の心変わり

藤崎先生の研究で興味をひかれたのは、園児百五十二名を対象にウサギ、カメ、金魚、虫の四つの生き物について「好き？　きらい？」と質問した調査だ。その幼稚園《ようちえん》ではウサギとカメと金魚を飼育している。虫は園庭に三百種もいるわけだから、四つの生き物はどれも子どもたちにとっておなじみのメンバーだ。

年少さんと年中さんの調査結果では、四つの生き物の「好き度」に差はあまりない。男の子と女の子の差もほとんどない。どうやら三、四歳《さい》の子は「動いているもの、ぜんぶ好き！」「小さいもの、ぜんぶかわいい！」ってノリらしい。

ところが年長さんになった途端《とたん》、しかも女子だけ、虫の「好き度」がグーンと下がる。

「えっ！　そこが分岐点《ぶんきてん》なんですか！」

わたしは勢《いきお》い込《こ》んで聞いた。

「そうですね。これまでは虫に対する好悪《こうお》感情の男女差は小学校時代に出てくると言われていたんですが、わたしが調査したところ、年長さんが分岐点《ぶんきてん》でした」

ふうむ。「年長さんになると虫ぎらいになる女の子が増えてくる」という重大な事実をわたしはしばし嚙《か》み締《し》めた。それにしても。ずっと仲良くしてきたのに、急にきらいになっちゃうなんて、女心はフクザツだなぁ。

「お母さんやお姉ちゃんが虫ぎらいで、その影響《えいきょう》で虫ぎらいになる女の子も多いでしょうね」

と藤崎先生。

平安時代に書かれた『虫愛《め》づる姫君《ひめぎみ》』は、毛虫が大好きなお姫様《ひめさま》のおはなしだ。物語になるってことはつまり、虫が好きな女の子は平安時代でも珍《めずら》しかったのだろう。日本ではずっと昔から「女の子には虫ぎらいが多い」という傾向《けいこう》が受け継《つ》がれてきたのかも。

「でも、世界中どこでも女性に虫ぎらいが多いわけじゃないんですよ」

と先生は続けた。

世界に目を転じれば、虫を食べる民族はたくさんいる。多くの場合、食糧《しょくりょう》としての虫の採集は女性の仕事である。あるいは、虫を使ってアクセサリーをつくる地域《ちいき》もある。男の人より女の人のほうが虫と親しい民族はいくらでもいるのだ。おもしろいなぁ。

ちなみに日本も昆虫食文化圏《こんちゅうしょくぶんかけん》に含まれる。藤崎先生は、いろいろな虫を食べたことがあるらしい。「カイコはホクホクして栗《くり》みたい」「コオロギは独特の匂《にお》いがあって、好きな人は癖《くせ》になる」などとうれしそうに語る。

「いちばんおいしいのは蜂《はち》の子ですね。あと意外にいけるのはカメムシ！　パクチー味でおいしい！」

　そして目をキラキラさせておっしゃった。

「金井《かない》さんも食べてみるといいですよ。きっと虫が好きになりますよ」

　う、うん、そ、そうですね……。

　ところで、日本ほど「虫とり」がポピュラーな国は珍《めずら》しいらしい。先生によれば、どこの国でも子どもは虫に興味を示すが、とりわけ日本では虫との遊びが「文化」として容認《ようにん》され、定着しているとか。夏になるとスーパーマーケットで捕虫網《ほちゅうあみ》や虫かごが売られているのを見て、驚《おどろ》く外国人観光客もいるみたい。

　そういえば『ファーブル昆虫記《こんちゅうき》』を書いたファーブルさんも、日本では有名人だけど本国フランスではあまり知られていないと聞く。

虫を殺しちゃう意味

　藤崎先生の息子さんも虫が好きらしい。

「虫好きの子は、子育てするのも楽なんですよ。大人が構ってあげられないときも、ひとりでずーっと虫と遊んでますから」

と、おおらかなお母さんの顔になって言った。

「大人も子どもも、にんげんとだけつきあっていると疲《つか》れちゃうんですよね。必要以上にイライラしたりね。そういうとき、犬でも猫《ねこ》でも虫でも、にんげん以外の生き物に目を向けるといいんです」

あぁ、その感覚はわかる。にんげん世界のややこしさに気が滅入《めい》っているとき、目の前を野良猫《のらねこ》が横切るだけで、なんだかホッとする。自分と同じ時空に、にんげんとは違《ちが》う尺度《しゃくど》で生きているものがいる、という現実に救われるのだ。そうかぁ、虫もなぁ。藤崎先生の「虫や動物は、にんげんの心の休憩所《きゅうけいじょ》」という言い方が印象深かった。

日ごろから幼稚園《ようちえん》の子どもたちと触《ふ》れ合っている藤崎先生に、どうしても聞いてみたいことがあった。

「虫を殺している子を見たら、どう対処《たいしょ》したらいいんでしょう？」

子どもはダンゴムシを踏《ふ》み潰《つぶ》したり、アリの巣を水攻《みずぜ》めしたり、トンボの羽をもいだりする。いやもちろん、大人だって蚊《か》は叩《たた》き潰《つぶ》すし、ゴキブリには殺虫剤《さっちゅうざい》をふりかけるし、やっていることはあまり変わらない。でも、なんだか心配になる。子どもが、虫を殺すことを「楽しい遊び」と捉《とら》えてしまったらまずいんじゃないか。猫《ねこ》を殺すことに快感をおぼえた者が、やがてエスカレートして猟奇的《りょうきてき》殺人にいたる事例なんかを想起してしまう。

わたしの心配を察した先生は、

「子どもが虫を殺しても、見て見ぬふりがいいときもあります」

と静かにほほえんだ。

「えっ、注意しなくていいんですか」

「そうですねぇ。私《わたし》だったら、アリを殺している子どもを見かけたときは『あらあら、アリさんがかわいそうよ』と軽く声をかけて、あとは様子を見ますね。むやみにやめさせることはしません」

子どもたちに「命を大切にしよう」というメッセージを伝えたい。でも、そのためにはまず「命ってなんだ？　死ぬってどういうこと？」を体験してもらう必要があるのだと先生は言う。アリを強くつまんだら、潰《つぶ》れる。今まで動いていたものが永遠に静止する。もう元には戻《もど》らない。悲しい、むなしい、罪悪感がこみ上げてくる。それが「死」だ。

「殺しちゃう、という体験は虫が相手だからできるんです」

ということばにハッとした。そうか、同じことをウサギや猫《ねこ》やにんげんで試したら、そのほうがよっぽど問題である。

虫を殺す体験をしたほうがいいなんて、にんげんの勝手な理屈《りくつ》だ。虫にしてみたら大迷惑《だいめいわく》である。それでもなお、すごいなぁ、虫は！

多くの子どもにとって、人生で最初に味わう死は、虫の死なのだ。虫は、にんげんが命の大切さを知っていく過程の中で、ものすごく重要な役目を負っているのである。

先生の研究室から帰る道すがら、わたしはアリでも歩いていないものかと、地面をキョロキョロ見渡《みわた》した。アリ、いそうでいない。

取材を終えて

「よーし、虫のはなしを聞くのだ！」

と勢《いきお》い込《こ》んで出かけたものの、藤崎先生のパソコン画面に虫の写真が映《うつ》し出されただけで腰《こし》が引けてしまった。とほほ。先が思いやられる。

先生は、

「こんなところから始めるのもいいかもしれないですよ」

と言いながら、ダンゴムシの飼い方の本を見せてくれたが、その、子ども向けに描《か》かれたかわいらしいダンゴムシの絵がもうやばい。

「ふーん、飼ってみると好きになりますかね」

などと平静を装《よそお》いつつ、ダンゴどもを飼うなんてとんでもない、なんてことを言うんだ先生、と内心で猛反発《もうはんぱつ》していた。

明るく虫を語る先生がとてもまぶしかった。「きらい」ということばに縛《しば》られているわたしとは大違《おおちが》いだ。やっぱり「きらい」って言ったり思ったりすると、どうしても負のオーラが出ちゃうのかもしれないなぁ。いつか、この負のオーラを解消できる日は来るんだろうか……。

2人め

あんたら、うまいこと生きてきたなぁ

久留飛克明さん

二度漬け禁止。

昔からＮＨＫのラジオ番組「子ども科学電話相談」が大好きだ。「なんで立っているときは椅子《いす》を持ち上げられるけど、自分が椅子《いす》に座《すわ》るとその椅子《いす》を持ち上げられないんですか？」とか「どうしたらぼくは化石になれますか？」とか、全国の子どもたちから寄せられる質問の鮮《あざ》やかな色合いに魅了《みりょう》される。そして回答する先生たちの、ご自分が専攻《せんこう》した学問を愛してやまない姿勢《しせい》に打たれる。ときに珍問答《ちんもんどう》あり、ときに印象深い名言あり、ときにどんな先生でも正確には答えられない事柄《ことがら》がある。あぁ、この世はふしぎに満ちている。

その「子ども科学電話相談」で、昆虫《こんちゅう》の先生としておなじみなのが久留飛克明《くるびかつあき》先生だ。ふんわりした関西弁で語る回答はいつもやさしくて、奥行《おくゆ》きがある。リスナーからも人気があって、「しみじみ久留飛」なんてニックネームをつけられている。

たとえば小学生の女の子からこんな質問が届《とど》いた。

「なんで動物の病院はあるのに、虫には病院がないんですか？」

彼女《かのじょ》は、道端《みちばた》で弱っているちょうちょを見つけたのだと語る。助けてあげたかったけど、残念ながら死んでしまった。病院があったら連れて行ってあげられたのに、なんで虫の病院はないのかな。って、なんてかわいい問いだろう。

それに対する久留飛先生の回答。

「なんでか言うたら、虫はすぐ死んでしまうからやねん」

わはは、身も蓋《ふた》もない。虫の多くは、成虫になって数週間から数か月の命だ。

「虫は長生きできんのや。それをかわいそうって思うかもしれんけど、にんげんとは生き方が違《ちが》うんやなぁ」

当たり前のことだけど、久留飛先生ののんびりした口調で言われるとなんだかホッとする。


そんな久留飛先生が書いた『家の中のすごい生きもの図鑑《ずかん》』（山と溪谷社）もおもしろい。ページをめくるごとに身近な虫が出てきて、関西弁でしゃべるのだ。

コウカアブは「汲《く》みとり便所はごちそうだらけやった」と水洗便所《すいせんべんじょ》が普及《ふきゅう》していなかった昔を懐《なつ》かしみ、コクゾウムシは「米だけでなく、パスタも食うたろ」と食欲《しょくよく》旺盛《おうせい》につぶやく。トビズムカデは「びっくりしたら、噛《か》みついてしまうんや。なにもわざと噛《か》んでるんやないから堪忍《かんにん》してや」だって。

独特の味わいで虫を語る久留飛先生は、一体どんな人だろう。メールを出すとお返事をくれて、大阪《おおさか》でお会いすることになった。待ち合わせは京阪電車《けいはんでんしゃ》の駅の改札。

先生はくるりんとカールする白髪《はくはつ》を風になびかせて、すたすたと歩いてきた。わたしが「久留飛先生ですか」と声をかけると、目を細めて「やぁ、遠くからよう来たな」と言った。その、肩《かた》の力が抜《ぬ》けた雰囲気《ふんいき》、ゆったりした口ぶり。なんだか先生の本に出てくる虫たちみたいだなぁ。

虫好き少年、虫の敵になる!?

久留飛先生は広島県三原の生まれ。お父さんはシベリア抑留経験《よくりゅうけいけん》があり、お母さんは昭和二十年八月六日の広島を経験しているという。そのお母さん、学校の保健の先生をしていたのだが、

「ものすごい潔癖症《けっぺきしょう》やねんな」

と久留飛先生は苦笑する。どんなに活きのいい鮮魚《せんぎょ》が手に入っても、生食は危《あぶ》ないと言い張って焼き魚にしてしまうような人だった。息子たちが「動物を飼いたい」と

くるび かつあきさん

1951年 広島県生まれ

訴《うった》えても「汚《きたな》いからダメ！」の一点張り。お母さん、戦争中は広島市内で看護師《かんごし》をしていた。消毒液の匂《にお》いをたくさん嗅《か》いで、悲惨《ひさん》な光景もたくさん見て、子どもに対して必要以上に心配性になったのかもしれない。

しかし久留飛少年は、そんな母親に対する反抗心《はんこうしん》もあって「汚《きたな》いこと」にどんどんハマっていった。放課後は裏山《うらやま》のパトロールを欠かさず、塩田の水路に棲《す》むメダカを獲《と》ったり、セミの標本をつくったり。中学生になると石集めに没頭《ぼっとう》した。とにかく自然が好きだったんですねぇと言ったら、

「遊園地はきらいや」

と答えたのがおかしかった。

昆虫《こんちゅう》の研究がしたくて、近畿大学《きんきだいがく》農学部へ。生物研究会というサークルに入り、沖縄《おきなわ》や台湾《たいわん》に虫の調査に行った。当時、沖縄《おきなわ》はまだ本土復帰前。

「名護《なご》市の民宿は二食付きで二ドル五十セントやったなぁ。石垣島《いしがきじま》で銭湯《せんとう》に行って湯上がりにコーラ飲むとちょうど二十五セント、クォーターダラーちゅうんやな」

沖縄《おきなわ》の森に分け入り、ヤマビルに血を吸《す》われながら珍《めずら》しい虫を探《さが》しまくったらしい。

そこからたとえば昆虫学者《こんちゅうがくしゃ》を目指す道もあっただろう。虫図鑑《むしずかん》の編集者になってもよかったかもしれない。でも、久留飛先生は思いがけない方向へ舵《かじ》を切る。まず、大学四年のときに大阪府《おおさかふ》の公衆衛生研究所《こうしゅうえいせいけんきゅうじょ》でアルバイトを始めた。

「公衆衛生《こうしゅうえいせい》を研究する……要はゴキブリと蚊《か》とハエを大量に飼育する機関やねん」

ひょえー、そんな機関があるのか。

研究所ではおよそ千匹《びき》のゴキブリが飼われていた（以下、ゴキが苦手な人はご注意！）。それだけたくさん集まっていると、匂《にお》いがすごいらしい。

「クロちゃん（クロゴキブリ）は水っぽい生々《なまなま》しい匂《にお》いやねんな。ワモンちゃん（ワモンゴキブリ）のほうは、乾《かわ》いて脂《あぶら》っぽい匂《にお》いや。おかげでぼくは今でも地下街の飲食店なんか行くと、あ、この店にはクロちゃんがおるってわかるわなぁ」

って、のんびりした口調で語る久留飛先生。匂《にお》いでゴキブリの有無と種類が特定できるなんて、すごい特技だ。研究所では殺虫剤《さっちゅうざい》のテストや日本脳炎《にほんのうえん》の発生予測調査をしていた。日本脳炎《にほんのうえん》は、蚊《か》がウイルスを媒介《ばいかい》する病気で、一九六〇年代には国内の患者数《かんじゃすう》が年間一千人を超《こ》していた。

バイト学生の久留飛くんに与《あた》えられたのは、ライトトラップでつかまえた一万匹《びき》の蚊《か》の死体を分類する仕事だった。

「一万匹《びき》も！」

「そうや」

日本脳炎《にほんのうえん》を運ぶコダカアカイエカの比率を調べるため、くる日もくる日も蚊《か》の死体にまみれた。世の中には、変なバイトがあるんだなぁ。

そして大学卒業後、久留飛先生はバイト先の紹介《しょうかい》で保健所の職員になった。伝染病患者《でんせんびょうかんじゃ》が出た場所を消毒したり、銭湯《せんとう》や理髪店《りはつてん》などの衛生状態を検査したり、野良犬を引き取ったり。保健所の仕事は多岐《たき》にわたる。中でも、害虫駆除《がいちゅうくじょ》は大事な任務。虫好き少年は、虫と戦う側のにんげんになったのだった。

ゴキよりも殺虫剤《さっちゅうざい》のほうが体に悪い

保健所で、久留飛先生は変わり者だったらしい。「スズメバチが出た」「ダニに刺《さ》された」「ゴキブリが多くて困《こま》ってる」なんて相談が寄せられると、電話で注意事項《ちゅういじこう》を言って済《す》ます職員が多い中、久留飛先生は必ず現場に駆《か》けつけた。

「当時、害虫に関する文献《ぶんけん》は古くて、詳《くわ》しいことがわからなかった。だから自分でちゃんと調べてみようという気があったんやな」

あるとき、ダニ被害の相談があり、その家の掃除機《そうじき》にたまったハウスダストをもらってきて分析《ぶんせき》してみた。すると中に、小型のダニを食べるツメダニがいて、そいつが人を嚙《か》んでいることがわかった。現場で調査していれば当然、自分も嚙《か》まれるんだけど、久留飛先生はそういうことは気にならないらしい。

ゴキブリをすりつぶして病原菌《びょうげんきん》をもっているのかどうか調べたこともある。当時の害虫の教科書には、ゴキブリは消化器系疾患《しょうかきけいしっかん》の原因菌《げんいんきん》をもっているとか、ポリオウイルスを媒介《ばいかい》するなんて書かれていたけど、実際に調べたらそんなものはなかったという。

「ゴキブリには、大腸菌《だいちょうきん》がついてるだけやった。それも、にんげんの手についてる大腸菌《だいちょうきん》と同じくらいの量や。ゴキブリは汚《きたな》い虫やないねん」

そうだったのか。やっぱりゴキブリは不当に「汚《きたな》いもの扱《あつか》い」されていたんだ。

「家の中で一匹《ぴき》二匹《ひき》見かけても、どってことない。たくさん住んでいるようなら食べ物の保管をもうすこし丁寧《ていねい》にしたほうがええなという程度のもんや」

よく「ゴキを一匹《ぴき》見たら、その家には三十匹《ぴき》いる」なんて言うけれど、その数字にも根拠《こんきょ》はないらしい。

「殺虫剤《さっちゅうざい》のほうがよっぽど体に悪いんとちがうか」

と先生。それで、恐《おそ》る恐《おそ》る尋《たず》ねてみた。

「あのう、それじゃ、先生は、ゴキ……ちゃんのことが好きなんですか？」

「いや、あんまり馴染《なじ》まんな」

と、まるで口に合わない外国料理をやんわりと断るような答え方に吹《ふ》き出しそうになる。その理由がまた独特だった。

「つかんでみたらわかるけど、あれは加減《かげん》がむつかしい虫なんや。やさしくつかんだらヌルッとしてるし、力を入れたらグチャッと潰《つぶ》れるし」

うううう。ヌルッもグチャッも想像したくない。それにしても、「つかみ加減《かげん》がむつかしい」って理由でゴキを好まない人がいるなんて、初めて知った。

「じゃ、先生はもし家の中でゴキブリを見かけたら、どうするんですか」

と問うと、ニヤリと笑って言った。

「まぁな、まわりがうるさいからな」

家族が騒《さわ》ぐから仕方なく処分《しょぶん》しているということらしかった。

現場主義の保健所職員として、いろんな虫を退治したり、調査したり、ときには「この虫は駆除《くじょ》せんでもだいじょうぶ」となだめたりして久留飛先生の人生は過ぎて行った。ところが五十歳《さい》で、また思いがけない展開《てんかい》を見せる。

昆虫館《こんちゅうかん》の使命は、虫ぎらいをつくらないこと

五十歳《さい》のとき、久留飛先生は大阪府箕面《おおさかふみのお》の昆虫館《こんちゅうかん》の館長職を打診《だしん》される。もちろん喜んで引き受けた。そして二〇一七年に退職するまでの十六年間、「子どもたちを虫ぎらいにしない」を目標に奮闘《ふんとう》することになる。

昆虫館《こんちゅうかん》は全国各地にあって、虫好きの子どもの聖地《せいち》になっている。でも久留飛先生が館長になった箕面《みのお》の昆虫館《こんちゅうかん》は極端《きょくたん》に規模《きぼ》が小さかった。バイトも入れてスタッフは三人。

「この規模《きぼ》では、虫好きの子を惹《ひ》きつけるような派手《はで》なイベントはできんわけや。そんなら、虫ぎらいの子をつくらないことをテーマにしたろ、思ってな」

たとえば、紙とストローでチョウのおもちゃをつくる。三十種類の虫の塗《ぬ》り絵を用意して、好きな虫の色を塗《ぬ》る。そんな、一見たわいない遊びを通して、虫の生態や虫とのつきあい方を伝えるのが久留飛先生の仕事になった。

「うちに来て虫に興味をもった子は、そのあと大きな昆虫館《こんちゅうかん》に遊びに行って、どんどん虫好きになってくれたらええやん。うちはあくまで入り口や」

そうだそうだ、この世は役割分担《やくわりぶんたん》だ。似た仕事をしている人と競争する必要なんてない。それぞれ自分が無理なくできることをやればいいんだ。

先生の頭の中には「小学校三年生までは、どうにか虫ぎらいにならずに育ってほしい」という願いがあった。なぜ三年生かというと、理科で初めて「昆虫《こんちゅう》」が出てくるのがその年代だから。虫のことをちゃんと習ってから、好きになったりきらいになったりすればいい。

「三年生になったとき、すでに虫ぎらいやったら、しんどいやろな」

と先生。

たしかに知識を身につける前にきらいになるのは「しんどい」ことだ。これはあらゆる他者とのつきあいに通じる真理である。知ってから好ききらいを判断すればい

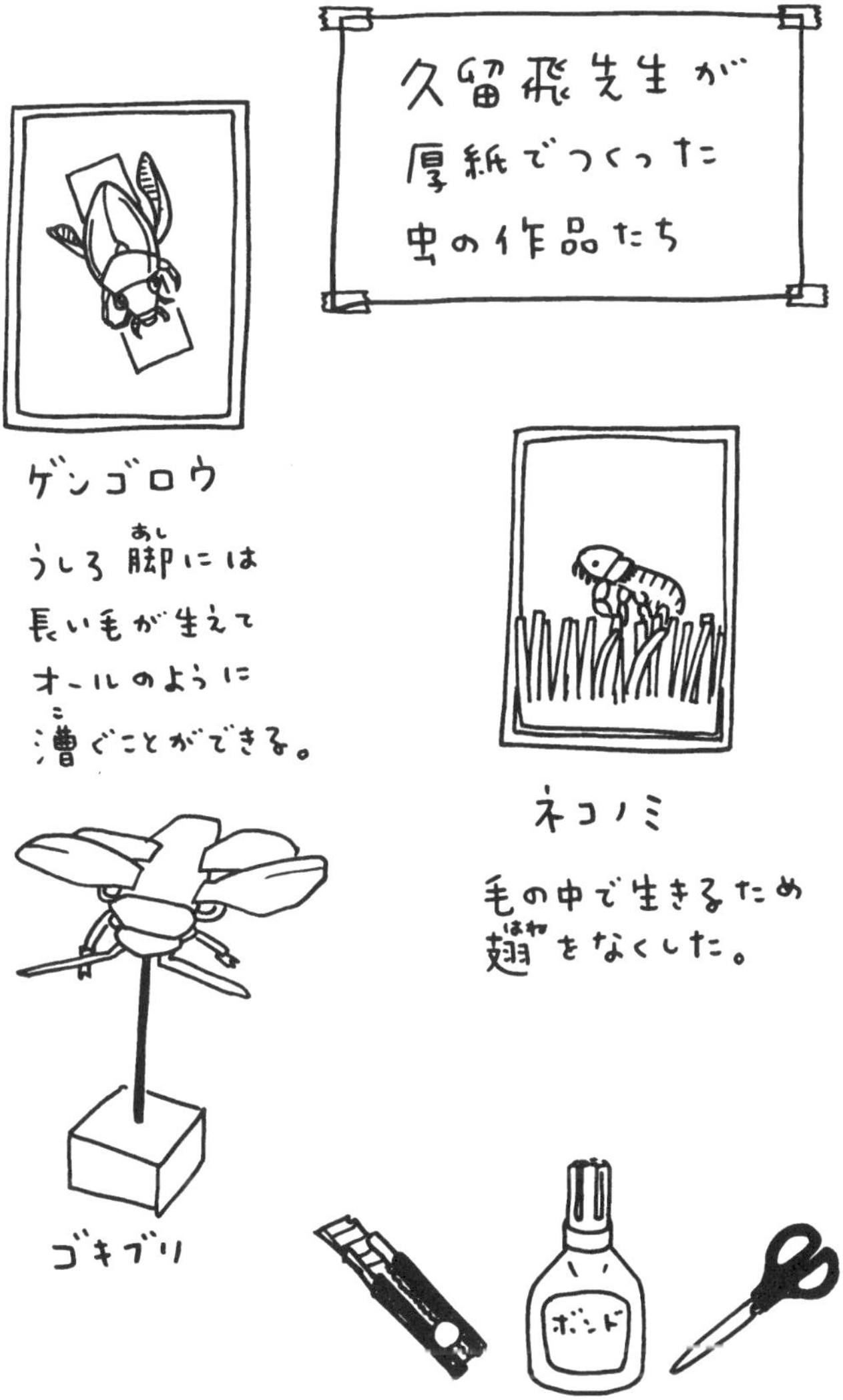
久留飛先生が
厚紙でつくった
虫の作品たち
ゲンゴロウ
うしろ脚《あし》には
長い毛が生えて
オールのように
漕《こ》ぐことができる。
ネコノミ
毛の中で生きるため
翅《はね》をなくした。
ゴキブリ
ボンド

いのに、知らないできらいになるのは不当だ。そして何より、お互《たが》いにとって不幸だ。手段《しゅだん》は塗《ぬ》り絵でもなんでもいい。「好き」にならなくてもいい。ただ「きらい」にならないで小学校三年生を迎《むか》えてほしい。そんなふうに願いながら、久留飛先生は昆《こん》虫館《ちゅうかん》の館長という第二の仕事を勤《つと》め上げた。

寿命《じゅみょう》一年のカブトムシは不幸か？

「結局、同じやん？」

久留飛先生はゆったりと言った。虫を駆除《くじょ》したい人が相手でも、虫を育てたい人が相手でも、それぞれの希望に合わせて虫について知らせるのが自分の仕事。そういう意味では、保健所の職員も昆虫館《こんちゅうかん》の館長も「同じ」というわけだ。そのあたりの柔軟性《じゅうなんせい》が先生ならではなのだろう。もちろん虫ぎらいではないけど、かと言って熱《ねっ》烈《れつ》な虫マニアというわけでもない。とりわけ好きな虫はいないが、満遍《まんべん》なくおもしろがって見ているというスタンス。

庭先や公園で虫を見かけたら、

「あんたら、うまいこと生きてきたなぁ」

とか、

「最近はこの辺も住みにくくなってきたやろ」

などと声をかけているらしい。ふふふ、虫の専門家《せんもんか》というよりは、虫と近所づきあいをしているおっちゃんという感じだ。

まぁ考えてみれば。実際、にんげんと虫は近所づきあいをしている仲なのだ。好きとかきらいとか騒《さわ》ぐ前に、「へー。お隣《となり》さんとこでは、そうなってるんですか」と受け止めればいいのかもしれないなぁ。

喫茶店《きっさてん》ではなしを聞いているうちに、日が暮《く》れてきた。

「近くに串揚《くしあ》げなんかを食べさせる店があるんやけど、一杯《いっぱい》行こか」

「いいですねぇ」

という展開《てんかい》になる。初夏《はつなつ》の灯《ひ》ともしごろの繁華街《はんかがい》。前を行く先生の白髪《はくはつ》がふわふわと揺《ゆ》れている。にんげんの姿《すがた》をした虫に、見えないこともない。

ビールで乾杯《かんぱい》。

「カブトムシの寿命《じゅみょう》って一年やん」

「はい」

「にんげんは『短いね』って思うかもわからんけど、カブトムシにしたら『それより八十年も生きて、なんか意味あるん?』って思っとるやろな」

「ふはは」

哲学的《てつがくてき》な虫トークに、大阪の夜が更《ふ》けていく。

取材を終えて

お会いする前、久留飛先生の経歴に興味をもっていた。虫が好きな人が保健所で虫を駆除《くじょ》する仕事をしていたなんて、一体どういう気持ちだったんだろう、と。正直に言うと、葛藤《かっとう》とか苦悩《くのう》の物語を期待していた。

でも久留飛先生はそういうことを超《こ》えていた。

「むつかしく考えんで、ええんちゃう？」

人に対しても虫に対しても、そんな感じ。聞いているこちらも肩《かた》の力が抜《ぬ》けて、なんだかホッとする。

あぁ、わたしも子どものころ、久留飛先生と一緒《いっしょ》に虫の塗《ぬ》り絵をしてみたかった！

残念ながらわたしは、小学校三年生ですでに立派《りっぱ》な虫ぎらいだった。後述するが、小学校一年生のとき、近所の悪ガキに虫を使ったいじめを仕掛《しか》けられたのが決定的だった。あぁ、でも塗《ぬ》り絵さえしていれば。「虫なんてこわくないもん」と平気な顔ができたかもしれない。その後の人生で、わたしと虫がこんなにこじれた関係にならずに済《す》んだかもしれない。塗《ぬ》り絵から人生をやり直したい……。

3人め

同じ時代、同じ場所に生きている虫のことをぜんぶ知りたい

奥山英治さん

友だちから「おもしろい人がいる」という情報がもたらされた。五十を過ぎて、今なお虫と遊ぶことに情熱を燃やしているおじさんだという。栃木《とちぎ》の森を拠点《きょてん》に、子どもたちに昆虫採集《こんちゅうさいしゅう》のやり方を伝授したり、虫の本を書いたりして暮《く》らしているらしい。フェイスブックで奥山英治《おくやまえいじ》さんを検索《けんさく》して、わたしは思わず「フハハハ」と声をあげて笑ってしまった。鼻のてっぺんに大きな蛾《が》がとまっているプロフィール写真。毎日の投稿《とうこう》は、飛翔《ひしょう》するカナブン、コオロギの交尾《こうび》、鎌《かま》をもたげるカマキリ、ニョロニョロと身悶《みもだ》えするヤマビル……と生き物だらけだ。

奥山さんを訪《たず》ねれば、はなしを聞かせてもらうだけでは済《す》まないだろうな、と思った。きっと虫がうじゃうじゃ待ち構えているに違《ちが》いない。うう、ハードルが高い。でも。自分の顔にとまった蛾《が》を満面の笑みで受け止めているこの人に会えば、何か大事なことを教えてもらえそうな予感がする。田んぼの稲《いね》が色づき始めたころ、わたしは奥山さんの森を訪《たず》ねた。

ゴキブリを殺さない家庭

木々《きぎ》を吹《ふ》き抜《ぬ》ける風はひんやりしていて、わたしは長袖《ながそで》シャツの上にパーカーを羽《は》織《お》った。でも奥山さんは半袖《はんそで》のポロシャツで平気な顔をしている。下はチノパンとスニーカー。日に焼けていて、大柄《おおがら》で、髪《かみ》がもじゃもじゃ。好奇心《こうきしん》と活力に満ちた少年がそのままおじさんになった感じだ。

「どうぞどうぞ。こっちで話しましょう」

と、かわいらしい小屋に招き入れてくれた。

「野生生物研究所」の表札がかかっていて、入ってすぐの部屋にはタガメ、ヤゴ、カエル、クワガタが飼育されている。

「生き物が好きな子だと、ここで『わー、すげー！』って言うんだけどね」

笑いながら、わたしの顔を覗《のぞ》き込《こ》む。むむ、ごめんなさい。さすがにこの場面で「やだー、こわーい」と拒絶《きょぜつ》するような失礼な態度はとらないけれど、「わぁ、すごーい！」と目を輝《かがや》

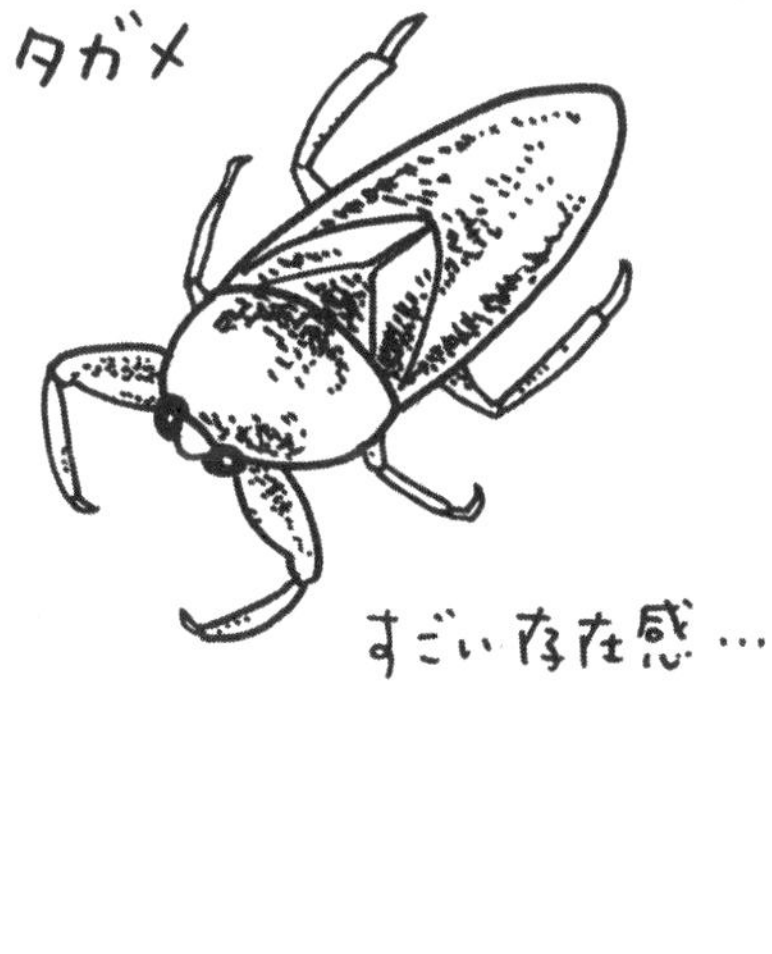

かせて水槽《すいそう》にかじりつくことは、とてもできない。一瞬《いっしゅん》、「ほら、さわってごらん」などと言われたらどうしようかと思ったが、奥山さんはそういうことを無理強《むりじ》いする人ではなかった。

奥《おく》の部屋にはデスクがあり、生き物に関する本や採集と飼育のための道具が雑然と置かれていた。窓《まど》から明るい光が降《ふ》り注《そそ》ぐ。奥山さんは椅子《いす》をすすめてくれながら、

「まずオレの結論《けつろん》を言うとさ」

のびやかな声で話し出した。

「虫が好きかきらいかを決めるのは、親なの。間違《まちが》いない」

生まれたときから虫がきらいな人はいない。赤《あか》ん坊《ぼう》は目の前にビー玉があれば手を伸《の》ばしてさわる。テントウムシがいても手を伸《の》ばしてさわる。ミミズでも、毛虫でも。

「そのときに親が、汚《きたな》い、危《あぶ》ない、キモいって言うんだよ。だから虫はいやなものだとインプットされちゃう」

この説を裏づけるのは、奥山家《おくやまけ》の子どもたちだ。奥山さんは子どもができたとき、妻に言った。

「うちでは、虫に対して汚《きたな》いとかキモいとかいやだとか、そういうことは一切言わ

ハンミョウさん

飛んでいるうちに疲れてくる

おくやま えいじ さん

1962年 東京都生まれ

ないで育てよう」

妻はチョウや蛾《が》の鱗粉《りんぷん》が苦手な人だったが、がんばって奥山さんのやり方を死守《ししゅ》した。その結果、現在二十七歳《さい》になる娘《むすめ》も二十五歳《さい》になる息子も、虫に対する忌避感《きひかん》がまったくないにんげんに育ったという。

「うちの子たちは今でも、ゴキブリが出てもいやだとか殺そうとかいう発想がない。邪魔《じゃま》だったら素手でつかんで外に出す。それでおしまい」

おおお、なんてワイルドな、そしてワンダフルな家族だろう。

庭に雑草が生えてきたら引っこ抜《ぬ》くか抜《ぬ》かないか、縁《えん》の下に野良猫《のらねこ》が入《はい》り込《こ》んだら追い出すか追い出さないか、そういう態度はすべて親の影響《えいきょう》で決まるのだと奥山さんは言う。

「もちろん、子育てに正解なんてないから、どっちがいいかはわかんないよ」

とはいえ虫が出てくるたびにいちいち騒《さわ》ぐ家と、平然と虫を受け止める家だったら、どう考えても後者がいいなぁ。

虫ハカセは英才教育から生まれた

じつは奥山さん自身が、虫好き二世である。

育ったのは東京都練馬区。父親は、昆虫《こんちゅう》や植物の図鑑《ずかん》のための絵を描《か》き、写真を撮《と》る人だった。幼《おさな》いころから、

「今日はバッタをとりに行くぞー。探《さが》すのを手伝ってくれー」

と父に誘《さそ》われて、しょっちゅう原っぱや河川敷《かせんしき》に行った。幼稚園児《ようちえんじ》の奥山さんが小さな手でバッタをつかまえると、

「おぉ、ショウジョウバッタか、すげえな」

褒《ほ》められた。いつも家の中には父親が飼育するたくさんの虫がいて、

「アゲハチョウの幼虫《ようちゅう》の餌《えさ》がない！」

と父が叫《さけ》べば、息子は大急ぎでカラタチの葉をとってくる。

「おぉ、お前はカラタチがわかるのか。偉《えら》いな」

また褒《ほ》められた。英才教育だ。

小学校の高学年になると、奥山さんは友だちから「虫ハカセ」と呼《よ》ばれるようになっていた。さらに、バードウォッチングと釣《つ》りにのめり込《こ》んだ。

「虫と植物はオヤジには絶対にかなわないから、せめて鳥と魚に関してはオヤジよ

り詳《くわ》しくなってやろうと。変な対抗意識《たいこういしき》があったんだよ、ふふふ」

家の近所で見られる鳥の名前と鳴き声はすべて把握《はあく》し、川で釣《つ》れた魚の名前もぜんぶ言えるようになった。しかし、高校に入ると生き物熱は一時中断を余儀《よぎ》なくされる。

「興味の対象がいきなり異性《いせい》に変わったの。あの子かわいいなーとかさ、鏡の前で髪《かみ》の毛をいじったりさ、バイクを乗り回すようになって、そうするともう虫も鳥もどうでもよくなるわけ」

わはは、色気づくってそういうことか。奥山さんは貸しレコード屋とゲームセンターでバイトして、服やバイクやデートにお金をつぎ込《こ》んだ。ごく普通《ふつう》のシティーボーイの青春だ。

「でもさぁ、女の子とデートしてても『あ、ミズキが咲《さ》いてる!』なんてつい植物に目が行っちゃうんだよ。友だちとバイク乗り回そうぜって言っても、結局行き先は川になっちゃったり。エンジンふかしてると『わ、口の中にカメムシが入ってきた!』とかね」

結局、奥山さんは「やたらと自然に詳《くわ》しいヤツ」であり続けた。十八歳《さい》で車の免許《めんきょ》をとると、虫や植物を撮影《さつえい》しに行くお父さんの助手を務めることになる。二十五歳《さい》で結婚《けっこん》したあとは、ロケバスのドライバーの職を得て、雑誌《ざっし》の撮影現場《さつえいげんば》を奔走《ほんそう》する。気づいたらアウトドア雑誌《ざっし》「ビーパル」の現場にばかり呼《よ》ばれるようになり、「どうせなら虫の写真を撮《と》ってよ」「記事も書いてよ」「イラストも描《か》けるでしょ」なんて、頼《たの》まれることが増えていったという。知らず知らずのうちに父親と同じ仕事を選び、ずっと続けてきたのだった。そうして栃木《とちぎ》の森で虫の伝道師になり、五年が経つ。

ドロバチはなぜキョロキョロしているのか

奥山さんのはなしにゲラゲラ笑っていたら、目の前を黒い虫がブーンと横切った。

「あ、こいつ、巣をつくる場所を探《さが》してるんだ」

奥山さんがうれしそうに視線《しせん》を送るので、わたしも落ち着いた気持ちで虫を目で追う。黒いお腹《なか》に黄色いライン。言われてみれば、なんとなくキョロキョロしながら飛んでいるような気がする。

「こいつはドロバチって言うんだけどさ。ほら、先週ここに巣をつくったんだ」

と、奥山さんはペン立てをどかして、その奥《おく》の壁《かべ》を指差す。直径一・五センチくらいの輪っか状の泥《どろ》の残骸《ざんがい》が壁《かべ》に張りついていた。

「でも失敗しちゃったんだよね。オレ、一部始終《いちぶしじゅう》を撮影《さつえい》したんだけど、見る？」

奥山さんはスマホで撮《と》った動画を見せながら、ドロバチの習性と先週このペン立ての裏《うら》で起きたことを説明してくれた。

ドロバチのお母さんは泥《どろ》を材料にして壺型《つぼがた》の巣をつくり、中に産卵《さんらん》し、蓋《ふた》をする。おもしろいのは、そのとき壺《つぼ》の中に赤ちゃんの餌用《えさよう》の青虫を入れておくこと。壺《つぼ》の中で生まれた幼虫《ようちゅう》は、お母さんが入れておいてくれた青虫を食べて成長し、蛹《さなぎ》になり、一人前のハチになって壺《つぼ》から出てくる。なんて器用で計画的な出産だろう！

動画には、ドロバチが窓《まど》から外へ出ていって土を口に含《ふく》んでは戻《もど》ってくる様子が映《うつ》っていた。何度も何度も往復し、前脚《まえあし》で上手に壺《つぼ》をこしらえていく。陶芸家《とうげいか》のような、左官《さかん》職人のような繊細《せんさい》な仕事だ。

「ほらほら、壺《つぼ》の中に触覚《しょっかく》を入れて、サイズとか形状を確認《かくにん》しながらつくってるの、わかる？」

「あ、ほんとだ。すごいですね」

「すごいでしょ」

ドロバチのお母さんの行動

①泥を運んできて壺型の巣をつくる
②青虫をつかまえて、中に入れる
③お尻を突っ込んで卵を産む
④泥で巣にフタをする

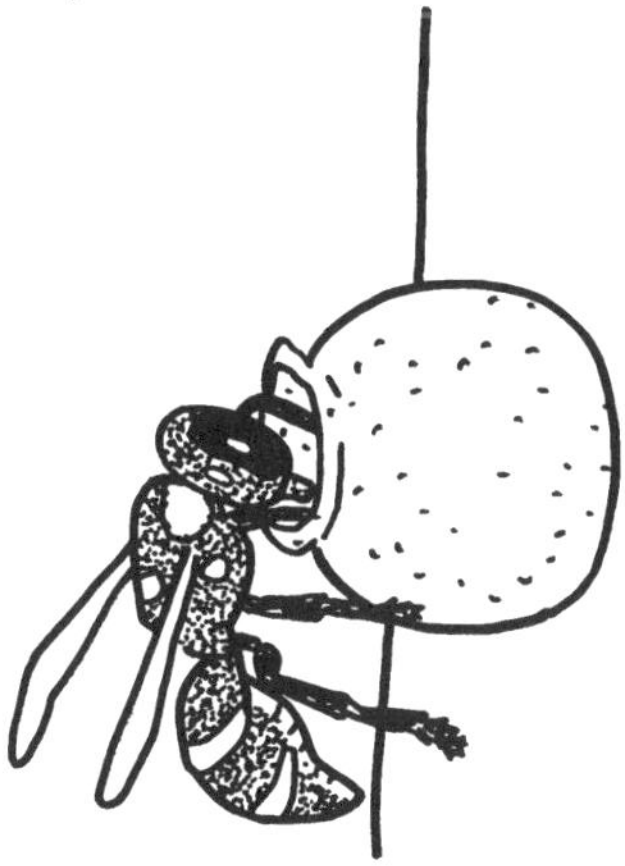

中で生まれた幼虫は
お母さんが入れておいてくれた
青虫を食べて大きくなる。

奥山さんは自分が巣をつくったかのように胸《むね》を張った。わずか三時間ほどで立派《りっぱ》な壺《つぼ》が完成したという。そして次の動画。ドロバチはできたてほやほやの壺《つぼ》にお尻《しり》を突《つ》っ込《こ》んでいる。卵《たまご》を産んだ！　おお！

「ここまではよかったんだけど、そのあと台風が来た。それでオレ、うっかり窓《まど》を閉《し》めちゃったんだよね」

小屋にとじこめられたドロバチは、外から泥《どろ》を運んできて壺《つぼ》に蓋《ふた》をすることができなかった。それで、結局この巣を放棄《ほうき》してしまったらしい。

「しかもそのあと、娘《むすめ》の結婚式《けっこんしき》があったから、オレは東京に行ってたの。そしたら留守のあいだに、巣が別の虫に乗っ取られちゃったんだよ」

「えっ」

二日間留守をして、東京から戻《もど》ってきた奥山さんは、壺《つぼ》を奇妙《きみょう》な蓋《ふた》が覆《おお》っていることに気づいた。「これは、ドロバチがつくった蓋《ふた》じゃない。あいつだったらもっときれいな蓋《ふた》をつくるはずだ」と推理《すいり》した。それで、真相を確かめるために壺《つぼ》を壊《こわ》して、中を見た。すると、まったく別の虫の幼虫《ようちゅう》がいたらしい。ドロバチの卵《たまご》は跡形《あとかた》もなく食べられていた。

「いつものオレだったら、こんな大事なときに結婚式《けっこんしき》に招かれても断るよ。結婚式《けっこんしき》と虫とどっちが大事なんだって聞かれたら、だんぜん虫だもん。でもさぁ、今回は自分の娘《むすめ》の結婚式《けっこんしき》だったから、さすがに断るわけにいかなくてさぁ」

そりゃあそうだろう！　新婦の父がドタキャンして、その理由が「ドロバチの巣を見ていたいから」だなんて、世間では通りませんよ。と思いつつも、わたしはうれしくてニヤニヤしてしまった。とかく窮屈《きゅうくつ》なこの世にあって、結婚式《けっこんしき》より虫が大事と言い切る人の存在《そんざい》はなんだかまぶしい。

アメンボの匂《にお》いは何飴《なにあめ》の匂《にお》い？

「恋愛《れんあい》と一緒《いっしょ》だよ」

と奥山さんは言った。好きな相手のことをずっと見ていたい。どこに住んでいるんだろ。何を食べているんだろ。どうしてここを飛んでいるんだろ。ぜんぶ知りたい。最終的には、相手に触《ふ》れてみたくなる。自分の皮膚《ひふ》の上を歩いたら、どんな感じだろう。ピタピタと歩くのか、チクチクするのか、もしかしたらヌルヌルかもしれない。

アメンボは飴《あめ》のような匂《にお》いがするからアメンボという名がついた。それって何《なに》飴《あめ》？　どういう匂《にお》い？　嗅《か》がずにはいられない。

ハンミョウはにんげんが来るとビョーンと前に飛ぶけど、飛ぶ距離《きょり》はずっと一定なんだろうか？　飛び続けていると、そのうち疲《つか》れてくるんだろうか？　追いかけずにはいられない。

「今この時代に、この場所に生きているもののことは、ぜんぶ知りたいの。ただそれだけなんだよ」

奥山さんのことばは、まるでロックシンガーが歌う愛の詩のように響《ひび》く。その横を、新たに巣をつくる場所を物色しているドロバチのお母さんが飛んでいく。ブーン……。

わたしはその羽音を聞きながら、おずおずと言った。

「奥山さんの考え方はすごくいいなぁと思うし、ドロバチがすごいやつだということもわかりました。でも、やっぱり、わたしはこいつ（ドロバチ）をさわることができないです……」

「うーん。それは人それぞれだからしょうがないよ。でも観察していれば、きっと好きになるし、さわりたくなるよ」

観察は愛である

虫がきらいなのは観察が足りないからだ、と奥山さんは言う。

「オレの友だちで、子どものころ背中《せなか》にカエルを突《つ》っ込《こ》まれて、カエルが大きらいになっちゃった人がいるんだよ。見るのもいやだと言ってたんだけど、オレはそいつにカエルをよーく見せたんだ」

わたしは虫が苦手だが、カエルはだいじょうぶ。もちろんなでなですることはできないが、その姿《すがた》をかわいいと思うことはできる。だからカエルぎらいの人のはなしを興味深く聞いた。

「オレはまず言ったわけ。カエルの目ってすっげーきれいだから見てよって」

カエルは水の中に入ると、瞬膜《しゅんまく》という透明《とうめい》のまぶたが下から目を覆《おお》う。水中メガネをかけるみたいに。陸上で眠《ねむ》るときは普通《ふつう》のまぶたが上から降《お》りてくる。奥山さんは、カエルぎらいの友人にその美しくて精巧《せいこう》なまぶたの仕組みを丁寧《ていねい》に説明し、ふたりでじーっと観察したという。カエルの目をまじまじと見ていると、だんだん、ほかのパーツも見えてくる。奥山さんは友人に向かってさらに語った。カエルの鼻の穴《あな》が先っちょについているのはなぜか？　ここだけ水面上に出しておけば呼吸《こきゅう》ができるからだ。この構造はカバと同じである。カバも鼻の穴《あな》が先っちょについているから、鼻だけ水の上に出してダラーッと昼寝《ひるね》ができるのだ……。そんなはなしを聞かせながら観察を続けているうちに、カエルぎらいの友人は、カエルが好きになっていった。

そのエピソードに、わたしは感じ入った。ちゃんと観察すれば、苦手な相手も好きになれるのだろうか。観察は愛、なのだろうか。

考え込《こ》むわたしに、奥山さんは朗《ほが》らかに言った。

「虫の絵を描《か》いたらいいんじゃないかな？　絵を描《か》くとなったら、いやでも観察することになるでしょ」

それでわたしは、生まれて初めてなるべくじっくり観察して虫を描《か》くことにした。この本にときどき出てくる虫の絵がそれである。絵を描《か》くために虫の写真を見るだけでギョッとしたり、ゾワゾワしたり。愛を知る道のりは、険しいのであった……。

地面にどんぐりの枝がたくさん落ちていた。「ハイイロチョッキリのしわざだよ」と奥山さん。彼らはどんぐりに卵を産んだあと、枝を切り落とすんだと！　生まれた幼虫はどんぐりを食べ、土にもぐって蛹《さなぎ》になるんだと！

ハイイロチョッキリって、声に出して呼びたくなる名前だ。

取材を終えて

今回の取材で初めて、ホンモノの虫と向き合った。奥山さんは、まるで友だちとつきあうように楽しげに、指でつまんだり手のひらに乗せたりしていた。

わたしもその場の勢いで意外と簡単《かんたん》にさわれるかもしれない、と淡《あわ》い期待を抱《いだ》いたが、その願いはむなしく散った。小さな虫を、指先でツンツンとつついてみることすらできない。それどころか、奥山さんが机《つくえ》の上にタマムシの死骸《しがい》をいくつか並《なら》べて見せてくれたときですら、手を伸《の》ばすことができないのだった。

「ほら、すごくきれいに光るでしょう。緑のメタリック」

と自慢《じまん》げに言う奥山さん。それはもう死んでいる虫だ。わたしの脳《のう》は「動かないから、こわくないはずだ」と判断し、「ちょっとさわってみろ」と手に指令を出す。それなのに、どうしても手が動かない。ヘタレ中のヘタレ！

そんなわたしに対して奥山さんは、「えー、さわれないの」と軽蔑《けいべつ》するようなことは一切なかった。他人を評価するなんてことに微塵《みじん》も興味がなく、そんなことより虫や鳥や魚や日差しや風を味わいたい人らしかった。あのスケールの大きさは、自然とのつきあいで育《はぐく》まれたものなのかなぁ。

4人め

虫と、虫が苦手な人とのあいだを繋《つな》ぐ

奥村巴菜さん

自作のカエルの湯のみで
お茶を出してくれた。

ギャラリーには、小型犬ほどのサイズの虫が並《なら》んでいた。土をこねて造形し、窯《かま》で焼いた、陶《とう》の虫たちだ。モデルになっているのは、ゾウムシとかツノゼミとか、実際は数ミリからせいぜい一センチ強のごく小さい昆虫《こんちゅう》。つまりものすごーく拡大《かくだい》してつくられた虫のオブジェだ。

背中《せなか》にイボイボがある。目はまん丸で色がきれい。六本の脚《あし》は節まで丁寧《ていねい》に形づくられて、虫の体を支えている。なるほど、こうなっているのか。と、ジロジロ眺《なが》めまわしながら、わたしは気づいた。

「あれ、なんか、かわいい」

これが昆虫館《こんちゅうかん》や博物館にあるようなリアルな立体模型《りったいもけい》ならば、わたしはきっとこんなに凝視《ぎょうし》できないはずだ。カブトムシの背中《せなか》のテラテラとか、トンボの目のぎょろり具合とか、実物大《じつぶつだい》でも「うっ」となる。まして大きかったら絶対に目を背《そむ》けてしまうだろう。昆虫図鑑《こんちゅうずかん》がこわいのも、虫の立体模型《りったいもけい》がこわいのも、虫の不気味さが拡《かく》大《だい》されているからだ。

だけど、ここに展示《てんじ》されている作品たちは。こわくない。どころか、かわいい。

「かわいいって言ってもらえると、ほんとにうれしいです！」

と、オブジェの作者が言った。奥村巴菜《おくむらはな》さん。わー、この人もかわいい。

俳句《はいく》とフルートが好きな女の子

奥村さんは、昆虫業界《こんちゅうぎょうかい》からも美術界からも注目されている気鋭《きえい》のアーティスト。ゾウムシやツノゼミといった小さくてユニークな虫たちをモチーフにした作品が人気を集めている。自分の作品について、そして虫たちについて語るときの、やさしくてまっすぐな声がとても印象的だった。

後日、改めておはなしを聞かせてもらおうと、千葉県四街道《よつかいどう》のアトリエを訪《たず》ねた。東京都心から四十キロ、自然豊かなこの街で奥村さんは育った。

「子どものころは、すごーく恥《は》ずかしがり屋で、人前では何も話せない子でした。自《じ》己紹介《こしょうかい》の順番がまわってくるのが、もういやでいやで」

あー、わかるなぁ。みんなの前でひとりずつ順番に自己紹介《じこしょうかい》しましょうって展開《てんかい》は、大人になっても緊張《きんちょう》するもん。わたしはシャイな女の子だった奥村さんの戸惑《とまど》いに深

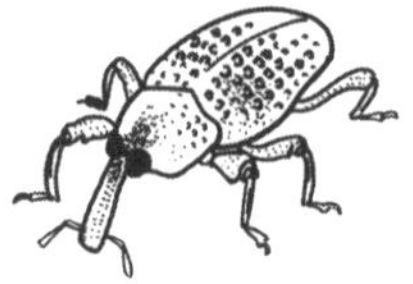

ゾウムシさん

ゾウのような鼻をもつ

おくむら はな さん

1989年 東京都生まれ

く共感した。さらに奥村さんが、

「私《わたし》、幼稚園《ようちえん》のころから俳句《はいく》が好きで」

と言ったので、

「えっ、そうなんですか⁉」

思わず、身を乗り出した。わたしもときどき俳句《はいく》をつくって遊ぶ。

「家にあった俳句《はいく》カードで俳句《はいく》を暗記したんです。俳句《はいく》の季語にカエルや虫が出てくるから、それで生き物が好きになって。たとえば、ひっぱれる糸まっすぐや甲虫《かぶしむし》、とか……」

奥村さんは、子どものときにおぼえた高野素十《たかのすじゅう》の句をさらさらと口にした。自分でも俳句《はいく》をつくって、市の句会に投句していたという。小学生のときに好きだった作家は有島武郎《ありしまたけお》と志賀直哉《しがなおや》。完全な文系女子《ぶんけいじょし》だ。当時、自然科学への興味はそれほどなかったと語る。

「カマキリはこわかった。なんだか凶暴《きょうぼう》そうで」

という発言に、わたしは三たび大きくうなずいた。

ただ、奥村家《おくむらけ》には虫好きのお父さんがいた。お父さんは映像《えいぞう》の仕事をしていて、撮《さっ》影《えい》でアマゾン川流域《がわりゅういき》によく出かけていたらしい。

「家の中には、父が南米から持ち帰った珍《めずら》しい昆虫《こんちゅう》の標本がありました。だから私《わたし》も、虫の姿《すがた》をじっと眺《なが》めることには抵抗《ていこう》がなかったかも」

中学は吹奏楽部《すいそうがくぶ》でフルートを吹《ふ》いていた。高校時代の得意な科目は英語。大学は美《び》術系《じゅつけい》に進んだ。のびのびと大人になった奥村さんが、再び虫と急接近するのは大学二年生のときである。

ツノゼミ&ゾウムシとの出会い

美大の専攻《せんこう》は「陶《とう》コース」だった。最初のころは、カエルをモチーフにした作品ばかりつくっていたという奥村さん。もともとカエルグッズを集めたり、カエルの絵を描《か》くのが好きだったから、自然な成り行きだった。リアルなカエルも擬人化《ぎじんか》したカエルもたくさんつくった。でも大学卒業を見据《みす》えてテーマを決める段階《だんかい》になって迷いが生じた。

「カエルなら、もう資料を見なくてもつくれる、お手のもの。でも逆に言えば新鮮《しんせん》味《み》がないわけです。別のものをつくったほうがいいかもしれないと思って。美術の世界では、カエルのモチーフって結構ありふれていたし……」

魚をつくってみたが、どうもしっくりこない。そんなとき、ふと頭をよぎったのが、昔お父さんがアマゾンから持ち帰ったヘンテコな虫の標本だった。ガラスの小瓶《こびん》に入った、変なツノがついた小さな虫。あれはなんだったんだろう？

それが、ツノゼミだった。現在、世界で報告されているツノゼミは三千百種以上（どんどん新種が見つかって増加中！）で、その半数は中南米の熱帯雨林に棲《す》んでいる。昆虫学者《こんちゅうがくしゃ》の丸山宗利《まるやまむねとし》先生が書いた『ツノゼミ　ありえない虫』（幻冬舎）では、こう紹介《しょうかい》されている。「ツノゼミの特徴《とくちょう》はその空想的な姿《すがた》にある」「体長はほとんどの種でわずか数ミリと小さい」「珍奇《ちんき》な昆虫《こんちゅう》の代名詞《だいめいし》」……。

「父にツノゼミを見せてもらったことは長いあいだ忘《わす》れていたんです。でも、あの変な姿《すがた》を見たときの『わぁ、なにこれ!?』っていう気持ちは心の奥《おく》に残っていて、それが急によみがえってきた。作品にしたらおもしろいかもってピンときました」

無数にある昆虫《こんちゅう》のうちで、なぜツノゼミに惹《ひ》かれたのか。という質問に対して、奥村さんはしばらく考えて、ことばを探《さが》しながら、こんなふうに説明してくれた。

ミカヅキツノゼミ

マツタケツノゼミ

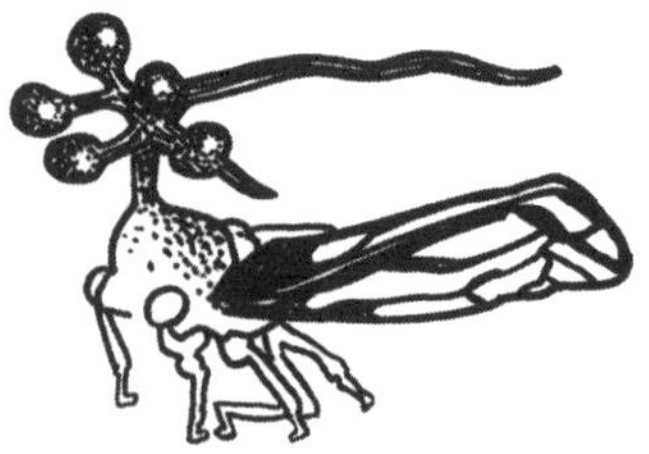

ヨツコブツノゼミ

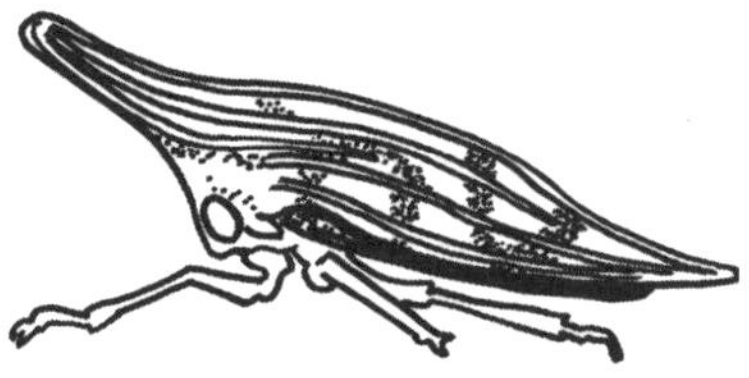

ムギツノゼミ

「自然界で長く生きてきた昆虫《こんちゅう》って、みんなデザインが完成されているんです。色も形もすべて理《り》にかなっていて、ツッコミどころがない。でもツノゼミは……ツッコミどころがある……。なんでこんな形なの？　って思わずにはいられない。それがツノゼミの魅力《みりょく》です」

今でこそ丸山先生が一冊《さつ》まるごとツノゼミの本を書いているほど虫業界では人気のツノゼミだが、当時はほとんど知られていない存在《そんざい》だった。昆虫図鑑《こんちゅうずかん》でも端《はし》っこに少し載《の》っていればいいほうで、まったく無視《むし》されることもしばしば。にんげんにとって害虫でも益虫でもないため、そもそも研究者がほとんどいないのだという。

「英語名のツリーホッパー（treehopper）でネット検索《けんさく》すると写真が出てくるんですけど、どれも腹部《ふくぶ》が写ってないの！」

なるほど、絵を描《か》くための資料なら裏側《うらがわ》は写っていなくても問題ないが、奥村《おくむら》さんは立体物をつくるので三百六十度あらゆる角度から観察できないと困《こま》るのだ。かくなる上は自分でツノゼミをつかまえるしかない。虫好きのブログやSNSでわずかに言及《げんきゅう》されている情報を頼《たよ》りに、奥村さんは日本各地でツノゼミを探《さが》しまくった。

「でも最初の一年くらい、私《わたし》にはツノゼミが見つけられなくて」

と奥村さんは笑いながら苦労を語った。日本のツノゼミは、コブシ、ナナカマド、マユミ、フジなど、種ごとに好みの木が決まっている。まずはツノゼミが好きな木をおぼえて、あとはその木にとまっている体長数ミリの虫がいないかをじーっと観察するのであるが、

「なぜかゾウムシばかり目についちゃう」

らしい。ゾウムシもツノゼミと同じくらい小さい虫だ。ツノゼミほどヘンテコな姿《すがた》ではないが、ゾウと名づけられているだけあって口がビョーンと長く伸《の》びた、どこか間《ま》の抜《ぬ》けた風貌《ふうぼう》。甲虫《こうちゅう》の仲間で、日本だけで一千種以上、世界には六万種もいる。

奥村さんは必死だった。とにかく作品を提出して成績をつけてもらわないと、進級できない。「ツノゼミが見つからないから作品ができませんでした」なんてはなしは通用しないのだ。

「しょうがないから、もうゾウムシでいいや」

わはは。本命のツノゼミが見つけられないので、妥協《だきょう》してゾウムシとつきあい始めたのだった。ゾウムシ、ごめんね。大学三年と四年はゾウムシをつくりまくった。いろんな種類のゾウムシを造形するうちに、ツノゼミの代役だったそれがだんだんかわ

いいと思えてきた。今ではツノゼミと同じくらいゾウムシも好きだという。大学院に進んだころからやっと自力でツノゼミを捕獲《ほかく》できるようになった。さらには丸山宗利先生の昆虫採集《こんちゅうさいしゅう》に随行《ずいこう》させてもらってタイ、カンボジア、マレーシアまでツノゼミを探《さが》しに行ったりもした。思い切って顕微鏡《けんびきょう》も購入《こうにゅう》。奥村さんは万全の態勢でツノゼミ制作に打《う》ち込《こ》んでいったのだった。

虫のかわいさを伝える

たぶん奥村さんは、世界でも有数の「長い時間ツノゼミを眺《なが》めている人」だろう。ツノゼミのオブジェをつくるときは毎回、顕微鏡《けんびきょう》を使ってその体を隅々《すみずみ》まで眺《なが》め、スケッチする。

「ずーっと見ていると、少しずつわかってくるんです。ツノゼミの奇抜《きばつ》なデザインには意味があるってことが」

離《はな》れて見ているときは、「なにこれ」「変なのー」としか思えない。でも拡大《かくだい》してよく見ると「あぁ、この出っ張りは筋肉《きんにく》が入っているせいなのか」とか「このシワは裏《うら》側《がわ》まで繋《つな》がっているんだ」とか「わ、このツノの反《そ》り返り具合、すごい」とか、細かい部分が把握《はあく》できて、そのひとつひとつに納得《なっとく》がいくのだという。

「それでも、なんなんだこれは!? ってツッコミたくなる要素も多々《たた》ありますけど」

ツノゼミもゾウムシも、何万年もの進化の過程を経て、今ここにいる。その形はきっと意味があって尊《とうと》い。それが奥村さんの目には「かわいい」と映《うつ》るのだ。奥村さんは、

「そのかわいさを伝えるのが自分の役目だと考えています」

と言った。やさしい口調の奥《おく》には、揺《ゆ》るぎない使命感が宿っている。

「虫を『気持ち悪い』『きらい』『こわい』と言う人の中には、よく見ていない人が一定数いると思う。よく見ればかわいいかもしれないのに、もったいない。だから私《わたし》は虫と、虫が苦手な人とのあいだを繋《つな》ぐ係《かかり》になれたらいいなと思っています」

奥村さんが思い描《えが》く理想の流れはこうだ。虫が苦手な人が、奥村さんの作品を見る機会を得る。その人は、本物の虫を凝視《ぎょうし》することはなかなかできないけれど、奥村さんの作品ならばゆっくり観察することができる。そして「なんか、かわいいなー」と感じる（まさに、初めて奥村作品を見たときのわたしだ！）。そういう経験をしたあ

とで本物の虫に会ったとき、その人の中にあった「虫がきらい」という気持ちが少しだけ和《やわ》らいでいたら最高にうれしい……。

なーるほど、だから奥村さんの作品は、かわいいのだ。奥村さんがつくるツノゼミもゾウムシも、ほどよくリアルで、ほどよく愛嬌《あいきょう》がある。まさに生物学と美術とのあいだの海を漂《ただよ》っているのが、奥村作品なのだった。

この絶妙《ぜつみょう》な立ち位置を象徴《しょうちょう》しているフレーズが、「複眼《ふくがん》をリアルにつくらない」だ。奥村さんの作品は、かなり細かい部分まで生物学的に正しい構造になっている。羽のバランス、脚《あし》の生える位置、腹部《ふくぶ》のでこぼこ。だけど、目だけは違《ちが》う。ツノゼミもゾウムシも複眼《ふくがん》をもつ昆虫《こんちゅう》だけれど、そこだけはリアルに再現しない。

「複眼《ふくがん》をリアルにつくるとグロテスクになって、かわいくなくなっちゃうから」

と笑って言う。昆虫《こんちゅう》マニアからは「ここまでリアルにつくるなら、ちゃんと複眼《ふくがん》までつくってほしい」なんて要望が出ることもあるらしい。でも、「目だけはリアルにしない」というこだわりが奥村さんの答えなのだ。

「あぁ……」

と、思わずわたしの口から感嘆詞《かんたんし》がこぼれ出た。

「わたしも似顔絵を描《か》くとき、リアルに描《か》きすぎるとその人がもっているかわいさが消えちゃう気がするんです。それと同じですね」

「そうそう！　まさにそういうことです！」

気鋭《きえい》のアーティストと絵描《えか》きの端《はし》くれは、大きくうなずきあった。リアルな似顔絵がいいなら写真のように描《か》けばいいし、リアルな虫の形状が見たいなら科学模型《かがくもけい》をつくればいい。でも、それじゃあ作者が介在《かいざい》する意味がない。わたしたちは、自分のフィルターを通して見える、この愛すべき世界を伝えたいのだ。


最後に聞いた。

「苦手な虫はいますか」

奥村さんは、小さな声で申告した。

「えっと、カマドウマ……」

これまでツノゼミやゾウムシを愛情たっぷりに語ってきたときとは明らかに違《ちが》う低ーいテンションが、なんだかほほえましかった。

「カマドウマって、後ろ脚《あし》が長すぎる気がして。もちろん、その形にも意味があるのはわかっているけど、どうしてもかわいく思えない。小さいころ、何十匹《びき》ものカマドウマが電灯《でんとう》に集まっているところを見てギョッとしたのがトラウマになっているのかも……」

と言いながら、奥村さんはカマドウマの絵を描《か》いたことがあるらしい。そのときは、意地でもかわいいところを見つけてそれを盛《も》り込《こ》んだと聞いて、わたしはにんまりした。わたしはときどき、実際に会ったことのない人の似顔絵を写真をもとに描《か》く仕事をするけど、「どういう人？」って尋《たず》ねたり調べたりして、好きになれる部分を見つけてから描《か》くようにしている。それと一緒《いっしょ》だなぁ。

つくるときは、ありったけの愛情を注《そそ》いでつくる。だからこそ、奥村さんの作品に接した人は、虫が少しだけ好きになる。つくるって、愛するって、伝わるってきっとそういうことなんだ。

取材を終えて

はなしを聞いてから、もう一度奥村さんの作品を見る。実物と比べるとあまりにも巨大《きょだい》な陶製《とうせい》のツノゼミやゾウムシ。背中《せなか》のシワの入り具合にも脚《あし》の角度にも愛が宿っているのだと思うと感慨深《かんがいぶか》い。

奥村さんのはなしを聞いた帰り道、わたしはものすごく重要なことを悟《さと》った。それは「たとえ虫を好きになれなかったとしても、虫が好きな人のことは好きになれる」という真実である。そうだ、思い返せば、これまで出会った虫好きたちはみんなすてきだった！

わたしは、もしかしたら最後まで虫が好きになれないかもしれない。みんなの虫愛に共感できないまま終わるかもしれない。でもだいじょうぶ。人のことは好きになれるもん。

たぶん奥村さんが「虫」ではなくて「虫の形をした作品」を提示してくれたから、そんなふうに思えたのだろう。そのワンクッションのおかげで、わたしの「虫」に対するこわばりはほどけていった。

ちょっとホッとして、もう少し旅を続けることにする。

5人め

害虫を調べると、近代史が見えてくる

瀬戸口明久さん

京都、行きつけの店にて
とり肝ソース漬

築四十年余の木造家屋に住んだことがある。外から見て家が傾《かたむ》いているのがわかる愉《ゆ》快《かい》な家だった。窓枠《まどわく》や襖《ふすま》は歪《ゆが》んでおり、あらゆるところにすき間があった。網戸《あみど》を閉《し》めたところで、蚊《か》もハエも入り放題。家の前は狭《せま》い路地で、そこを野良猫《のらねこ》とゴキブリが行き来していた。

その家で、一度だけ燻蒸剤《くんじょうざい》を焚《た》いた。各部屋にセットし、窓《まど》を閉《し》め切って、にんげんも退避《たいひ》して、家の中を毒ガスで満たす。数時間後に家に戻《もど》ると、畳《たたみ》の上や廊下《ろうか》の隅《すみ》にゴキブリの死骸《しがい》が転がっていた。「よし、効いたな」という達成感。と同時に「こんなことして、なんになる」とむなしい気持ちが湧《わ》き上がってきた。

家の中にいたゴキは死んだが、すき間がある限り、また隣家《りんか》からお仲間が入ってくるだろう。じゃあ、隣《となり》の家のゴキも殺したらわたしは安心するのだろうか？　いっそ、ご近所全体に毒ガスをぶちまけたら満足か？　地上からゴキを殲滅《せんめつ》させたら真の平和が得られる？　自分で自分に問いかけて、うなだれる。

燻蒸剤《くんじょうざい》でゴキブリを殺すことのずーっと先のほうに、毒ガスで人を無差別に大量に殺す行為《こうい》が見え隠《かく》れしている気がする。両者は何が違《ちが》うのだろうか。

害虫だから、殺してもいいのだろうか。

そもそも害虫ってなんだろう。


あれから数年を経て、ついにこのモヤモヤを受け止めてくれる本に出会った。瀬《せ》戸《と》口《ぐち》明《あき》久《ひさ》著《ちょ》『害虫の誕生』（ちくま新書）だ。最初のページをめくって、

「え！」

と声が出た。ゴキブリが害虫になったのは戦後になってからだ、と書いてある。もちろん昔からゴキはいた。でも昔の家は寒いし、食べ物も少ないし、にんげんの住居にゴキが住み着くことは珍《めずら》しかった。ゴキを見かけるのは、冬でもあったかくて食料が豊富な、たとえば殿様《とのさま》の家とか庄屋《しょうや》さんの家などである。だからゴキは「豊かさの象徴《しょうちょう》」みたいに思われていた。つまり、縁起《えんぎ》がいい虫という位置づけなのだ。秋田では、ゴキブリを駆除《くじょ》しちゃいけない、なんて風習まであったらしい。なんとなんと。きらわれ者の今とは大違《おおちが》いだ。

「害虫駆除《がいちゅうくじょ》」とは近代に生まれた考え方だ、と瀬戸口先生は書いている。おもしろい事例が次々《つぎつぎ》に登場し、わたしは読みながら「え！」を連発した。そして京都大学の

イチョウが色づいたころ、瀬戸口先生の研究室をお訪《たず》ねしたのだった。

虫と人の関係をたどる

ノックしてゆっくり扉《とびら》を開けると、瀬戸口先生は静かに顔を上げた。

「あぁ、どうも」

白いワイシャツに黒いジャケットというシックないでたち。おでこと眉毛《まゆげ》とメガネのバランスが、いかにも「勉強のできる人」の雰囲気《ふんいき》だ。

虫ぎらいを克服《こくふく》するヒントが欲《ほ》しくて取材を続けているのだと説明するわたしに、

「まぁ、ぼくも別に虫が好きなわけではないですが……」

瀬戸口先生はおっとりした口調で言った。子どものころから、虫を集めたり飼ったりした経験はほとんどないという。動物もそれほど好きじゃないんです、植物は少し好きだけど、と言って小さくはにかんだ。

「じゃあ先生は、ゴキブリが出たらどうしますか?」

「それは……殺す……かも」

ハエさん
いつのまにか悪者に…
せとぐち あきひささん
1975年 宮崎県 生まれ

「かも？」

「ええと……はい。殺します」

ふふふ。きっぱりと殺すと言いかねて、でも嘘《うそ》もつけなくて、という逡巡《しゅんじゅん》に、お人柄《ひとがら》がにじんでいた。


瀬戸口先生は高校時代は物理に熱中し、京都大学理学部に入ってからは分子生物学を専攻《せんこう》した。でも結局「科学史」の専門家《せんもんか》になった変わり種だ。

「よくわからないことをやりたい、という気持ちがいつもありました。飽《あ》きっぽいんでしょうね。ちょっとわかったらもういいや、と思ってしまうところがあって」

もともと理系《りけい》だったのに、「よくわからないこと」を追っているうちに、気づいたら人文系《じんぶんけい》の人になっていた。大学院のころに興味をもったテーマは、「生態系《せいたいけい》という概念《がいねん》はどう生まれてどう発展《はってん》してきたのか」だった。

「生態学というジャンルで、いちばん調査しやすいのが昆虫《こんちゅう》だったんです」

一定地域《ちいき》にどれくらいの虫が生息しているかを計測する方法は、わりと早くに確立した。だから生態系《せいたいけい》の変化を知るとき、虫の数の増減を指標にするのが基本らしい。

「それでまぁ、ぼくは虫のことを調べ始めたんです。だからほんとに、虫が好きだったわけじゃなくて」

瀬戸口先生は、ご自分が虫好きではないことを繰《く》り返し強調するのだった。

「ふふ、そうなんですね。害虫が不当な扱《あつか》いを受けているから、義憤《ぎふん》に駆《か》られて研究テーマを選んだ、なんてことはないと」

「はい。まったくそんなことはありません」

瀬戸口先生より前に、虫と日本人の関係を歴史的に深く掘《ほ》り下げた研究者はいなかった。つねづね「よくわからないことをやりたい」と考えていた先生にとって、誰《だれ》も取り組んだことがない未知のテーマは魅力的《みりょくてき》だった。

江戸時代《えどじだい》の農業の文献《ぶんけん》、明治時代の警察資料《けいさつしりょう》、伝染病《でんせんびょう》の英語論文《えいごろんぶん》、毒ガスの研究書……と多種多様な資料を読み漁《あさ》った。既存《きそん》の学問に縛《しば》られない。理系《りけい》と文系《ぶんけい》の壁《かべ》を軽々《かるがる》と越《こ》えていく。それが瀬戸口先生の特徴《とくちょう》で、ご著書《ちょしょ》『害虫の誕生』のユニークさなのだ。

虫の祟《たた》り、虫の裁判《さいばん》

ゴキブリが害虫と認識《にんしき》されるようになったのは戦後になってから、ということはすでに述べた。そもそも「害虫」ということば自体がそれほど古いものではないと瀬戸口先生は言う。日本初の本格的な国語辞典は一八八九（明治二十二）年に出版された『言海《げんかい》』だが、そこに「害虫」という項目《こうもく》はない。新聞や公文書に「害虫」の語が登場してくるのは明治時代の後半からだ。

もちろん害虫ということばがなかった時代から、人々《ひとびと》は田畑の作物を食い荒《あ》らす虫に悩《なや》まされてきた。でも、どうやら昔の人が「虫」と言うとき、それは今わたしたちがイメージする「虫」とは似て非なる生き物らしいのだ。

そもそも昔の人は、虫の生態がまるでわかっていなかった。「虫はどこからくるか？」と江戸時代《えどじだい》の人に尋《たず》ねたら、こんな答えが返ってくるはずだ。「風に乗ってやってくる」「ジメジメした湿地帯《しっちたい》から湧《わ》き出てくる」「草の茎《くき》の中からひょっこり現れる」……。卵《たまご》から生まれるとか、幼虫《ようちゅう》→蛹《さなぎ》→成虫と変化していくといった知識がない時代だった。地震《じしん》や竜巻《たつまき》や雷《かみなり》がどこからともなくやってきてにんげんを襲《おそ》うのと同じ。虫もどこからともなく現れて人々《ひとびと》を苦しめる存在《そんざい》だと考えられた。それはつまり、「祟《たた》り」とか「悪霊《あくりょう》の仕業《しわざ》」ということになる。

そこまで聞いて、ふと思い出した。

数年前、わたしは小豆島《しょうどしま》の「虫送り」を取材した。虫送りとは夏に行われる伝統行事で、昭和三十年ごろまでは日本各地の農村で見られたらしい。田んぼから虫を追い出すため、松明《たいまつ》を持った子どもたちがあぜ道をぞろぞろと歩く。ま、言ってみれば、「虫の祟《たた》り」を回避《かいひ》するおまじないだ。

おまじないの効果を高めるため、藁人形《わらにんぎょう》をつくったり、お祈《いの》りのことばを唱えたり、鉦《かね》や太鼓《たいこ》を叩《たた》いたり、地域《ちいき》ごとにいろんなパターンがあると聞く。小豆島《しょうどしま》の場合、「出て行った虫たちは、二度とここに戻《もど》ってこないように」との願いを込《こ》めたお札《ふだ》を地区の境界線に貼《は》る習慣が根づいていた。

夕刻《ゆうこく》、子どもたちが歩き始める。

「とーもせ、ともせ」

と唱和しながらあぜ道を進むうちに日が暮《く》れて、田んぼは闇《やみ》に包まれる。水面に

と～もせ
ともせ…
ウンカです…

松明《たいまつ》の火が反射《はんしゃ》して、なんとも幻想的《げんそうてき》な風景となる。ここの虫送りは三百年以上前からあるんだ、と地元の人は誇《ほこ》らしげに言った。

「虫にお札《ふだ》が効くわけないやろ、そんなことするくらいやったら農薬でも撒《ま》いたほうがよっぽど意味あるってのが現代人の考えやけどな」

そう言って笑っていた。あのお札《ふだ》こそ、虫の発生は祟《たた》りだと考えられていた時代の名残《なごり》なんだなぁ。

瀬戸口先生は、うなずきながらわたしのはなしを聞いてくれた。

「そうそう、おまじないですね。昔の人が言う『虫』には、目に見えないネガティブなものも含《ふく》まれていた。『疳《かん》の虫』とか『腹《はら》の虫がおさまらない』なんて言うでしょう」

あぁ、なるほど。「なんだかわからないけど、困《こま》ったもの」は全部「虫のせい」ってことにしていたわけだ。水虫とか虫歯なんかも、実際には虫の仕業《しわざ》じゃないし。

瀬戸口先生の指摘《してき》でおもしろいのは、日本人は「虫の祟《たた》りでにんげんが罰《ばっ》せられる」と発想したが、西洋人は「悪い虫は神様から罰《ばっ》せられるべきだ」と考えていた点だ。中世ヨーロッパでは、動物裁判《どうぶつさいばん》という奇妙《きみょう》なことが大真面目《おおまじめ》に行われていて、虫もしょっちゅう訴《うった》えられていた。

たとえば一一二〇年、フランス東北部でブドウを食い荒《あ》らす毛虫が大発生。教会は、その毛虫たちに被告《ひこく》として出廷《しゅってい》するように命じるが、もちろん毛虫たちは裁判所《さいばんしょ》にやってこない。それで毛虫たちは破門宣告《はもんせんこく》された。『動物裁判《どうぶつさいばん》』（池上俊一著、講談社現代新書）によれば、ハエ、ハチ、チョウ、アリ、バッタ、ゾウムシなどが裁判《さいばん》で訴《うった》えられた記録が残っているという。

わはは、昔の人って変なことしてたんだなぁ。こっちには虫《むし》よけのお札《ふだ》を貼《は》る人、あっちには虫を裁判《さいばん》で訴《うった》える人。なーんて笑っている場合ではない。近現代になるとにんげんの虫に対する態度はますます傲慢《ごうまん》になっていく。自然に対して畏怖《いふ》の念を抱《いだ》いていた昔のほうがまだマシだった気がするくらいだ。

害虫を殺さない奴《やつ》は逮捕《たいほ》する！

さて近代になると、欧米《おうべい》では虫の生態も徐々《じょじょ》にわかってきて、農学とか応用昆虫《おうようこんちゅう》学《がく》という学問も確立されていく。その結果、農害虫を化学殺虫剤《かがくさっちゅうざい》でやっつけようとか、天敵を利用して追《お》っ払《ぱら》おうとか、大仰《おおぎょう》な虫対策《たいさく》が講じられるようになる。

明治時代、日本にも応用昆虫学《おうようこんちゅうがく》が入ってきた。ついに「害虫」ということばが生まれ、国立大学や農業試験場もつくられて、害虫対策《たいさく》は国をあげてのプロジェクトと位置づけられていく。

まぁ、そこまではいいとして。

わたしが「うわー、なにそれ」と思ったのは、瀬戸口先生が『害虫の誕生』に綴《つづ》った以下の記述だ。

> 一八九六（明治二九）年、政府はより強い拘束力《こうそくりょく》のある法規として「害虫駆除《がいちゅうくじょ》予防法」を制定する。この法律《ほうりつ》によって、害虫が発生するおそれがある場合には、農民たちに強制的に防除作業《ぼうじょさぎょう》を命じることが可能になった。そればかりか、もし命令に従《したが》わなかった場合には「五銭以上一円九十五銭以下の科料《かりょう》又《また》は一日以上十日以下の拘留《こうりゅう》」に処《しょ》することが定められた（農商務省農務局『農作物病虫害予防関係法規要覧』三〜五頁）。害虫防除《がいちゅうぼうじょ》をしない農民たちは逮捕《たいほ》され、留置所に入れられてしまうことになったのである。（中略）
> ここで重要なのは、こうした強制措置《きょうせいそち》において、しばしば警官《けいかん》が取《と》り締《し》まりを担当《たんとう》し

ていることである。彼《かれ》らはサーベルをちらつかせて農作業の実行を迫《せま》ったため、現在この時期の農業政策《のうぎょうせいさく》は「サーベル農政」と呼《よ》ばれている。害虫を駆除《くじょ》しないことによる逮捕者は、ピーク時には全国で年間六〇〇〇人以上にも達した（農商務省農務局『農作物病虫害予防事務概要六三〜七〇頁』）。

害虫の予防や駆除《くじょ》をしなかったら逮捕《たいほ》されるって、なんだそりゃ。そんな横暴なはなしがあってたまるか。わたしは虫がきらいだが、威張《いば》っている権力者《けんりょくしゃ》はもっときらいだ。つい熱くなるわたしに、瀬戸口先生は資料を見せてくれながら穏《おだ》やかに言った。

「今だったら保健所の管轄《かんかつ》である害虫の駆除《くじょ》や伝染病者《でんせんびょうしゃ》の隔離《かくり》も、当時は警察《けいさつ》が仕切っていたんですよ」

瀬戸口先生の調べによれば、巡査《じゅんさ》を養成する学校には「昆虫学《こんちゅうがく》」という科目があり、益虫と害虫について勉強しなければならなかったらしい。

やがて小学校でも、「害虫駆除唱歌《がいちゅうくじょしょうか》」なるものが歌われるようになる。

♪攻《せ》めたる敵は国の仇《あだ》
寄せ来る虫は農の仇《あだ》
いざや我《われ》らは農のため
仇《あだ》なす虫と戦わん

まるで軍歌じゃん。なんだか、どうも、きな臭《くさ》い。

わたしはずっと気になっていることを聞いてみた。

「先生はご本の中で、異質《いしつ》なものを排除《はいじょ》し、均質な空間をつくろうとするのが近代国家だ、と書いていますよね。だから教育現場で害虫は敵だと教えられ、排除《はいじょ》される。つまり、わたしが虫ぎらいなのは、近代国家の価値観《かちかん》に染《そ》まっているせい、とも言えるわけですか」

「どうでしょうねぇ」

はぐらかすような口調で、先生は含《ふく》み笑いをする。

「ぼくの本は、そうなのかなぁと思わせる本ですけどね。さあて、実際はどうでしょうねぇ……」

日本の夏に「蝿取《はえと》りデー」があったころ

ゴキブリとともに、近代以降《きんだいいこう》の日本で圧倒的《あっとうてき》なきらわれ者になったのがハエである。

「ハエについては、本を書いたあとも追加で調べていて、本当におもしろいんですよ」

と瀬戸口先生は楽しそうに話し出した。

とくに先生が関心を寄せているのは「蝿取《はえと》りデー」というキャンペーン。行政が「みんなで蝿《はえ》をとりましょう」と市民に呼《よ》びかけるもので、大正時代に都市部で始まり、地方では戦後も続けられていたとか。

日本最初の蝿取《はえと》りデーは一九二〇（大正九）年の夏に大阪《おおさか》で実施《じっし》された。宣伝《せんでん》ビラを撒《ま》いたり、飾《かざ》り立てた自動車を先頭にパレードをしたり、ド派手《はで》な演出で盛《も》り上げたらしい。

「コレラの媒介者《ばいかいしゃ》『蝿《はえ》』を駆除《くじょ》せよ！　全市一斉《ぜんしいっせい》に蝿《はえ》をとれ！」

というキャッチコピーが、うーん、なんとも勇ましい。

一九二三（大正十二）年の関東大震災《かんとうだいしんさい》で東京は壊滅《かいめつ》し、焼け出された人が住むバラックの不衛生さが問題となった。そこでまた「蝿取《はえと》りデー」の出番である。十匹《ぴき》つかまえると一銭の報奨金《ほうしょうきん》が出たり、町内会対抗《ちょうないかいたいこう》でつかまえたハエの数を競ったり、さまざまな仕掛《しか》けが設けられて市民は蝿取《はえと》りに熱中した。東京の蝿取《はえと》りデーは約二十年にわたって続けられ、ついには年間一億匹《ひき》を超《こ》すハエが捕獲《ほかく》されるようになる。「コレラの発生源《はっせいげん》を断つという理由でまず病人が隔離《かくり》され、次に貧しいスラムが取り壊《こわ》され、その延長線上《えんちょうせんじょう》に蝿取《はえと》りデーがあったわけです」

と瀬戸口先生。ここにも、近代国家の排除《はいじょ》の論理《ろんり》が横たわっているのだ。

たぶんわたしが当時生きていたとしても、やっぱり興奮《こうふん》してハエを集めただろうと思う。これはにんげんの狩猟本能《しゅりょうほんのう》と競争心を刺激《しげき》した上に、「街をきれいにする」という大義名分が乗っかっている見事なまでに完璧《かんぺき》なキャンペーンだ。言わばリアル「ポケモンGO」だ。しかもご褒美《ほうび》はお金。もし身近に蝿取《はえと》りをサボっている人がいたら、「あんたもちゃんととりなさいよ！」なんて叱咤《しった》したかもしれない。

しかしわたしは今、人々《ひとびと》が蝿取《はえと》りに熱狂《ねっきょう》した時代よりだいぶあとの世を生きており、充分《じゅうぶん》にひねくれ者であり、なんだか乗れないものを感じるのであった。お上《かみ》に対するささやかな抵抗《ていこう》として、市民に追われるハエをこっそり匿《かくま》ってあげたいような気さえしてくる。

「いろいろ調べてみると、蝿取《はえと》りデーというのはマッチポンプみたいなところがありましてね」

と瀬戸口先生は静かに、しかし重要なことを言った。

「そもそも、どうしてそんなにたくさんのハエが毎年発生したか、ということを考えてみればわかります」

たしかにそうだ。毎年毎年、市民総出で億単位のハエを駆除《くじょ》して、なおもハエが減らないとはどういうことだろう。

じつは当時の東京は人口が爆発的《ばくはつてき》に増加し、インフラ整備が追いついていなかった。ゴミ処理施設《しょりしせつ》も足りず、上下水道も完備からはほど遠い。それこそがハエの発生原因だったのだ。

「コレラやチフスが発生した背景にゴミ問題、下水問題があります。もちろんハエが病気を媒介《ばいかい》した事例もゼロではないと思いますよ。でも全体から見ればほんの一部でしょう」

ハエ、濡《ぬ》れ衣《ぎぬ》じゃん！

いや、完全に濡《ぬ》れ衣《ぎぬ》とは言い切れないか。ともかく、お上《かみ》が蠅取《はえと》りデーをあんなに盛《も》り上げた裏《うら》には、インフラが整っていないことを目くらましする面もあったんじゃないかと思う。道理で、とってもとってもハエは減らないわけだ。でもハエが減らないからこそ毎年キャンペーンは盛《も》り上がるし、市民はハエをつかまえてお金がもらえる。まさにマッチポンプ。

「蠅取《はえと》りデーを推進《すいしん》する側の人も、『本当に効果があるのかは疑問《ぎもん》だが、それでも人々《ひとびと》の衛生に対する意識が変わることに意味があるんだ』みたいなことを書いているんです。専門家《せんもんか》はそれでメシを食っているから、効果がないとは言えないでしょ」

そう言って苦笑する先生を見て、わたしも笑うしかない。

「はは、そういうことですか」

「戦後、蠅取《はえと》りデーが廃《すた》れていったのは単純《たんじゅん》にハエがいなくなったからですよ。もちろん、ハエをたくさんつかまえたからじゃなくて、ゴミ問題と下水問題が解決したからです」

『害虫の誕生』には、ほかにもにんげんのエゴが見え隠《かく》れするエピソードがたくさん収録《しゅうろく》されている。植民地支配と虫対策《むしたいさく》とか、毒ガス兵器と殺虫剤《さっちゅうざい》の関係とか。

あーあ、害虫の歴史って、つまりにんげんのエゴイズムの歴史なんだなぁ。

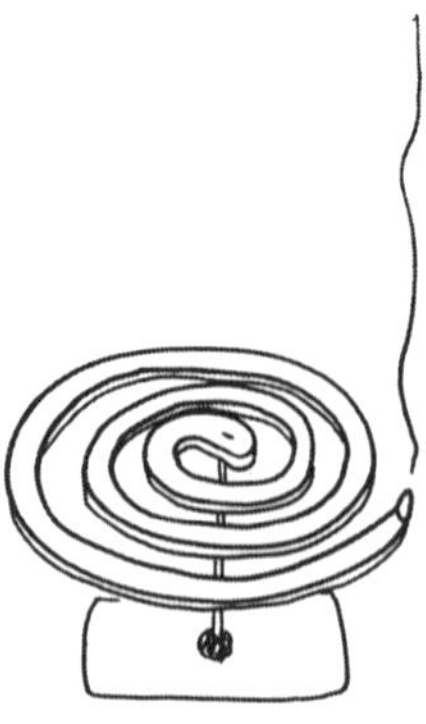

取材を終えて

わたしは長らく、虫ぎらいである自分自身を「なんだかいやだなぁ」と思って生きてきた。「虫が苦手でも別にいいじゃん」と慰《なぐさ》めてくれる人もいるんだけど、うーん、でも、なりたい自分の姿《すがた》とちょっと違《ちが》うんだよなぁ、という違和感《いわかん》がずっとぬぐいきれなかった。まぁ、だからこんな本を書くことになったのだけど。

瀬戸口先生のはなしを聞いて、「なんだかいや」の「なんだか」の部分が、少し解明できた気がする。虫を害虫だと決めつけたり、排除《はいじょ》したりする態度って、上から目線なのだ。しかも「みんなで追《お》い払《はら》いましょう」とか、「一匹《ぴき》残らず殺しちゃいましょう」とか全体主義っぽくて最悪じゃないか。そういうのがいやだから、わたしは虫ぎらいである自分がなんだかいやだったのかも。

だからといって、虫ぎらいを脱却《だっきゃく》できるかというと、それはまた別のはなし。でも、無批判《むひはん》に虫を敵だとみなす勢力には与《くみ》したくないなぁ。

6人め

虫の気持ち悪さは、人生のスパイス

川合伸幸さん

小倉トースト

トラウマ、と言えるほど深刻《しんこく》なものではないが、わたしには記憶に残るいくつかの恐怖体験《きょうふたいけん》がある。

小学校一年生のとき、近所の男子ふたりによって、シャツと背中《せなか》のあいだにダンゴムシを入れられた。泣きながら逃《に》げたけど、逃《に》げても逃《に》げてもダンゴムシはいなくならない。本当にこわかった。ちなみに、その一件のせいで虫がきらいになったのではなく、そもそもわたしはダンゴムシをさわることができない子だった。それを知っていたから、彼《かれ》らはダンゴムシを使っていじめたんだと思う。当時の同級生の名前なんてほとんどおぼえていないけど、そいつらの名前ははっきりおぼえているぞ。

小学校五年生の春、弟がカマキリの卵《たまご》がついた枝を拾ってきて、母がそれをトイレの花瓶《かびん》にさした。何が起きるか想像しなかったのだろうか、お母さん。月満ちて、卵《たまご》は孵化《ふか》した。うじゃうじゃうじゃうじゃとチビカマキリが出てきて、壁《かべ》と床《ゆか》に広がった。トイレの扉《とびら》を開けたときのわたしのショックたるや。あぁ、思い出してもゾッとする。

そして、つい二年前の夏のことだ。部屋にゴキブリが出た。それはまあいい。壁《かべ》の

ほら、取ったよ
もう、だいじょうぶ
うん…

高いところで静止したヤツを仕留めようと、わたしは丸めた新聞紙を手に椅子《いす》の上に立った。じわじわと近づいた。かなり近づいた。その刹那《せつな》、ヤツは飛んだのである。至近距離《しきんきょり》にいたわたしに向かって。わたしは「うわーっ！」と叫《さけ》んで椅子《いす》から転げ落ちた。全身が汗《あせ》でベトベトだった。なんだったんだろう、あの大量の汗《あせ》は。こわい状《じょう》況《きょう》に置かれると、発汗《はっかん》スイッチがおかしくなるのであろうか。

人はいろんなものに恐怖《きょうふ》を感じる。「虫がこわい」「犬がこわい」「高いところがこわい」「水がこわい」などなど。この「こわい」という気持ちはどこから湧《わ》いてくるのだろう。その正体がわかれば、対処《たいしょ》する方法が見つかるかもしれない。

そう考えたわたしは、名古屋《なごや》大学の川合伸幸《かわいのぶゆき》先生に会いに行くことにした。「こわい」という気持ちを分析《ぶんせき》している認知科学《にんちかがく》の専門家《せんもんか》だ。さらっと本で読んだところによれば、認知科学《にんちかがく》とは心理学、哲学《てつがく》、文化人類学、言語学、神経科学、脳科学《のうかがく》、運動科学、人工知能、ロボット工学などものすごーく幅広《はばひろ》い分野を横断している学問だという。すごいなぁ。広いなぁ。知の集積だ。

最先端《さいせんたん》の学問である認知科学《にんちかがく》で「こわい」を紐解《ひもと》いたら、虫ぎらいはなおるかな。

「にんげんはどんな存在《そんざい》か」を調べる学問

川合先生は、ストライプのシャツを腕《うで》まくりして、細身のパンツをビシッとはきこなしていた。いかにも行動力がありそうな、はつらつとした雰囲気《ふんいき》。

「なんでも聞いてください」

とやさしく言ってくれたので、そもそもなぜ認知科学《にんちかがく》の専門家《せんもんか》になったかというところからはなしを聞いた。

川合先生は、京都生まれ京都育ち。小学校時代は勉強ができなかったとおっしゃる。

「ものを考えていたかどうかも怪《あや》しいですねぇ。その日、その瞬間《しゅんかん》、目の前のことしかやらない。宿題もしなかったし、将来《しょうらい》の夢もとくにない。ひたすらボーッとしてる子でした」

ひたすらボーッとしてた子が大学教授になるなんて、なんだかうれしい。「虫歴」に関していうと、カブトムシやコガネムシが好きで、セミとトンボもよくつかまえたという。ただし毛虫が大きらい。これはかなり重症《じゅうしょう》で、現在にいたるまで克服《こくふく》されていない。

「中学生になると、少しずつものを考えるようになりました」

と川合先生。何を考えたかというと「どうして自分は生まれてきたんだろう」とか「死んだらどうなるんだろう」とか、哲学的《てつがくてき》な問いだ。

「まぁ思春期特有の、中二病っていうかね」

ちょっと照れくさそうに言う。でも照れるようなことじゃない。人類始まって以来の大きな問いだ。川合少年は、学校の先生に勧《すす》められるままに哲学《てつがく》の本を読んでみた。

「それでわかったのは『哲学《てつがく》の本は死ぬまで読んでも読みきれないほどある』ということでした」

ふはは、そうか、それがわかったのか。

哲学《てつがく》は二千年前からある学問だから、ほとんどの研究はすでにやり尽《つ》くされているだろう、と川合少年は考えた。そこで哲学《てつがく》から派生《はせい》した心理学に目をつけた。心理学は「にんげんはどんな存在《そんざい》か」を科学的に解き明かす学問だ。まだ百年くらいしか歴史がないから未知の領域《りょういき》もたくさんあり、研究しがいがあるだろうと踏《ふ》んだ。

ケムシさん

隠れております

かわいのぶゆきさん

1966年 京都府生まれ

そういうわけで大学は文学部心理学科に進み、実験心理学を専攻《せんこう》。最初はヒトの実験、大学院に進んでからはネズミ、ザリガニ、金魚、馬などの実験、さらに京都大学《きょうとだいがく》霊長類研究所《れいちょうるいけんきゅうじょ》に行ってチンパンジーの実験をした。動物がどうやって環境《かんきょう》から情報を取《と》り込《こ》み、それをどうやって行動に繋《つな》げているかを調べることで、にんげんの心の動きを解明するヒントが見つかるという。

たとえば「こわい」について考えるとき、サルがヘビをこわがる現象が大きな意味をもってくる。さて、はなしはいよいよ「こわい」問題に突入《とつにゅう》する。

「こわいの王様」はヘビである

ゴキブリも毛虫もクマもライオンも人をこわがらせるが、進化の過程を振《ふ》り返《かえ》ると、「こわいの王様」は問答無用《もんどうむよう》でヘビらしい。

「ヒトの脳《のう》は、かつてサルだったころに比べてものすごく大きくなりました。それはヘビがこわかったせいだ、とぼくは考えているんです」

と川合先生は言った。なんと！　脳《のう》のサイズを変えるほどこわかったなんて、ヘビ、すごい！　先生は様々《さまざま》な実験によって、この説を補強《ほきょう》してきた。

たとえばコンピュータ画面をたて三面×よこ三面に分割《ぶんかつ》し、合計九枚《まい》の写真を並《なら》べる実験。花の写真八枚《まい》とヘビの写真一枚《まい》を並《なら》べた場合と、逆に八枚《まい》のヘビと一枚《まい》の花を並《なら》べた場合で、仲間はずれの一枚《まい》を見つける速さに差はあるのか？　結果は、ヘビ一枚《まい》を検知するほうが速い。動物には恐怖《きょうふ》の対象をすばやく見つけ出す習性があるので、ヘビがこわい存在《そんざい》であることがわかる、というわけだ。

で、おもしろいのは、この実験を三歳児《さいじ》にしても同じ結果が出たことだ。さらにさらに、サルで実験しても同じ結果が出た。野生のサルがヘビをこわがるのはわか

る。けど、にんげんに飼われているサル、つまりヘビを見たことがないサルにもヘビの画像をすばやく検知する力が備わっていたのだ。うーむ、なんとも興味深い結果だ。アメリカの研究者による実験では、ヒトの赤ちゃんもヘビをこわがることが確認《かくにん》されている。つまり、ヒトは生まれながらにしてヘビがこわいし、昔サルだったころからずっとヘビがこわかったらしいのだ。

「ヒトの祖先であるサルは、木の上で暮《く》らしていました。そこまで登ってくる敵はヘビしかいなかった。だからヘビに対する恐怖《きょうふ》がサルにもヒトにも刻《きざ》み込《こ》まれているんじゃないかと推察《すいさつ》しています」

と先生は解説する。なるほど、わたしたちの祖先の唯一《ゆいいつ》の敵がヘビだったのだ。

「脳内《のうない》で情報が伝わるルートも、ヘビの場合は特別なんです」

というはなしにも驚《おどろ》かされた。ヒトの脳《のう》は、危険《きけん》なものを見つけると、目から入った情報が扁桃体《へんとうたい》という部分に到達《とうたつ》し、そこが活性化して「こわい」「危《あぶ》ない」と感じる仕組みになっている。たとえばナイフが落ちていたら、

●「あれ、なんだこれ」→「わ、ナイフだ」→「危《あぶ》ないなぁ」

みたいな流れだ。でもヘビの場合は、

●「あ」→「危《あぶ》ないッ！」

といった具合に、通常より短いルートを通って扁桃体《へんとうたい》に情報が届《とど》くという。その結果、にょろりとした長いものが目に入った瞬間《しゅんかん》、それがヘビかどうかを認識《にんしき》する前に体が反応する。そのあとで「なーんだ、よく見たらこれヘビじゃなくて紐《ひも》じゃん」って気づいたりする（詳《くわ》しく知りたい人は、先生がお書きになった『コワイの認知科学』（新曜社）を読んでみてください）。

こうした反応は、ヘビを一瞬《いっしゅん》でも早く見つけ、逃《に》げることが大命題だったサル時代の名残《なごり》。脳内《のうない》にヘビ用の特別情報伝達ルートがつくられて、おかげで脳《のう》のサイズが拡《かく》大《だい》したというわけだ。ヘビは世界各地の神話に出てくるし、人類にとってめちゃくちゃ大きな存在《そんざい》なのだ。

「でも先生、世の中には大蛇《だいじゃ》を首に巻《ま》きつけて喜んでいるような人もいるじゃないですか。なんで、ヘビ好きな人がいるんでしょう？」

と問うと、先生の答えは明快だった。

「ヘビが好きな人もいるし、ときどきヘビをこわがらないサルもいます。でもそういう人やサルであっても、ヘビをすばやく見つける点は一緒《いっしょ》なんです。好ききらいに関係なく、ヘビを見たらすばやく反応する。それはわたしたちが先祖代々《せんぞだいだい》受《う》け継《つ》いできた仕組みなんでしょうね」

「こわい」と汗《あせ》の関係

「ところで先生、ゴキブリが飛んできて汗《あせ》だくになった事件というのがあるんですが……」

わたしは例の、ゴキブリを退治しようとしたら、ゴキがわたしを目がけて飛んできて椅子《いす》から転がり落ちた一件を話した。あのとき、汗《あせ》がダラダラ出たのはどういうわけだろう。「こわい」と汗《あせ》は関係あるんだろうか。

「うーんと、それは覚醒水準《かくせいすいじゅん》が高くなったということですね」

と川合先生は言った。覚醒水準《かくせいすいじゅん》とは、意識がどれくらいはっきりしているかを示す度合い。つまらない授業を聞いていてついウトウトするのは覚醒水準《かくせいすいじゅん》が低くなるため、テンションが上がってシャキッとするのは覚醒水準《かくせいすいじゅん》が高いためだ。この覚醒水準《かくせいすいじゅん》があるレベルより高くなると、人は汗《あせ》をかくのだとか。

「必ずしもこわいときとは限らないんですよ。十代のころなんかに、好きな人が隣《となり》にいたらドキドキするでしょう。ああいうときも覚醒水準《かくせいすいじゅん》は高くて、微量《びりょう》の汗《あせ》が出ているはずです」

ああ、そうか。わたしは四十代になっても好きな人が近くにいたらドキドキしますよ、と思いながらうなずく。アクション映画《えいが》を見てハラハラしたり、大勢の人の前で話すときも汗《あせ》をかく。つまり汗《あせ》をかくのはこわいときとは限らない。でもこわいときは必ず汗《あせ》をかく。そう説明されて納得《なっとく》した。

「今この部屋に誰《だれ》かが入ってきて、金井《かない》さんの後ろに立つとしますよね。それだけで金井さんの体からじわーっと汗《あせ》が出るはずです」

「人が後ろに立っただけで?」

「そうそう。たとえ知っている人だとしても、不意に後ろに立たれるとなんだかいやな感じがするでしょう。それだけで汗《あせ》が出るんです。見た目にはわからないくらい、ほんのわずかな汗《あせ》が」

汗《あせ》ってものすごく正直なんだなぁ。

この「覚醒水準《かくせいすいじゅん》が高くなると汗《あせ》をかく」仕組みを利用しているのが嘘発見器《うそはっけんき》だと

いう。被験者《ひけんしゃ》の皮膚《ひふ》の電気抵抗《でんきていこう》を測定することで、ごくわずかな汗《あせ》を読み取る装置《そうち》だ。たとえば容疑者《ようぎしゃ》に、事件現場にいた人だけが知っている物を見せたら、容疑者《ようぎしゃ》は緊張《きんちょう》し、覚醒水準《かくせいすいじゅん》はググッと高まる。口では「何も知りません」と言ったところで、汗《あせ》は自然に出てしまう。それで嘘《うそ》を見抜《みぬ》くわけである。

「ふーん。汗《あせ》は大事なサインなんですね」

「そうですね。こわいと感じたときに汗《あせ》をかくのにも意味があって」と先生。わたしたちは昔サルだったころ、木の上に住んでいた。敵が現れたら、枝を伝《つた》いながらひょいひょいっと逃《に》げた。こわいと感じると心拍《しんぱく》が早くなり、血液が身体中に送られて筋肉《きんにく》が動きやすくなる。つまり、すぐに逃《に》げられる態勢ってことだ。そして手足が少し汗《あせ》ばむことで、木の枝を摑《つか》みやすくなる。なーるほど、そのために汗《あせ》をかくのか！

まぁでも、ゴキが飛んできたときのわたしの汗《あせ》は、ボタボタと滴《したた》るほど大量だった。あれじゃあ汗《あせ》まみれすぎる。もしわたしがサルだったら、自分の汗《あせ》に滑《すべ》って木の枝を摑《つか》み損《そこ》ね、真っ逆さまに転落していたに違《ちが》いない。

虫はこわいんじゃなくて、気持ち悪い！

少しずつ「こわい」についてわかってきたところで、川合先生がとても重要なことを言った。

「金井さんが虫を見てこわいと思う、その『こわい』は、恐怖《きょうふ》ではなく嫌悪《けんお》だと思うんですよ」

ややや、恐怖《きょうふ》と嫌悪《けんお》は別物なのか。

人はどんな国や文化圏《ぶんかけん》で生まれ育っても、共通して六つの感情をもっているらしい。喜び、驚《おどろ》き、恐怖《きょうふ》、嫌悪《けんお》、怒《いか》り、悲しみの六つ。地球上のどんな場所に行っても、ことばが一切通じない土地でも、目の前の人が「喜びの表情」をしたら、「あぁ、この人は喜んでいるんだな」とわかるのだ。当たり前のようだけど、それってすごいことだなぁ。

だが、日本人は恐怖《きょうふ》と嫌悪《けんお》をあまり明確に分けない傾向《けいこう》があるのだと先生は言う。「こわい」という日本語は、「気持ち悪い」の意味で使われることも多いのだ。うーん、言われてみれば。人食いザメに対する「こわい」と、ゴキブリに対する「こわい」は、ちょっと、いや、だいぶ違《ちが》う気がする。

「そうなんですよ。恐怖《きょうふ》という感情は、命に関わる事態で感じるものでね」

と先生はうなずいた。

「哺乳類《ほにゅうるい》は、恐怖《きょうふ》を感じたときの行動パターンが決まっているんです。いわゆる『三つのF』と言われているものなんだけど」

動物は恐怖《きょうふ》に直面したとき、
●Ｆｒｅｅｚｅ（固まる）
●Ｆｌｅｅ（逃《に》げる）
●Ｆｉｇｈｔ（戦う）
のどれかを選択《せんたく》するのだという。ネズミは猫《ねこ》に見つかったら、足がすくんでフリーズする。もし猫《ねこ》が近づいてきたら逃《に》げる。さらに近づいてきたら、窮鼠《きゅうそ》猫《ねこ》を噛《か》む！もう、死《し》に物狂《ものぐる》いで戦うしかない。それが生き残るための正しい反応《はんのう》なのだ。ヒトも同じ反応をするらしい。

わたしもゴキや蛾《が》、毛虫を見たら足がすくむけど、でも命の危険《きけん》を感じるほどじゃない。ということはやっぱり先生が言う通り、わたしの虫に対する「こわい」は、

「気持ち悪い（嫌悪《けんお》）」なのだ。

「人が嫌悪《けんお》の感情を抱《いだ》くのは、そもそも伝染病《でんせんびょう》を避《さ》ける意味があったのではないかと考えられています」

先生は嫌悪《けんお》の起源《きげん》について説明してくれた。たとえば動物の死体や腐《くさ》った食べ物、あるいは吐瀉物《としゃぶつ》なんかが目の前にあったとき、人は顔をしかめる。鼻をくしゃっとゆがめる表情は、不潔な空気を吸《す》わないためだ。危険《きけん》に恐《おそ》れおののくというよりは、あまり近寄らないほうがよさそうだ、不快だから避《さ》けておこう、という反応。それが嫌《けん》悪《お》だという。

「もうひとつ、動物にはなくてにんげんだけが感じる嫌悪《けんお》もあります」

それは、モラルに反することを嫌《いや》がる気持ち。たとえば浮気《うわき》する人を「不誠実《ふせいじつ》なやつだ」と嫌悪《けんお》する。あるいは差別的なことを言う人を「わ、こいつ、最低じゃん」と嫌悪《けんお》する。そういう社会通念上の嫌悪感《けんおかん》はにんげんにしかない感情らしい。

「こわい」と感じることで、人は命の危険《きけん》を回避《かいひ》できる。「気持ち悪い」と感じることで病気の感染源《かんせんげん》を避《さ》けられるし、反道徳とか不正義に近寄らないで済《す》む。「こわい」も「気持ち悪い」も、生きていく上でなくてはならない大事な感情なのである。

虫とつきあう極意《ごくい》

「おもしろいのは、こわいと感じる対象は概《おおむ》ね共通しているけど、気持ち悪いと感じる対象は人によって違《ちが》う。バリエーションがたくさんあることです」

と川合先生のはなしは続く。

「人は、あまり見たことがないものを気持ち悪く思う。だから育った環境《かんきょう》、住んでいる環境《かんきょう》によって気持ち悪いものは違《ちが》うわけです」

なーるほど。たとえば養蚕業《ようさんぎょう》をしている人にとって、カイコは家族のような存在《そんざい》だろう。東北地方には「おしら様」と呼《よ》ばれるカイコの神様だっている。でも養蚕《ようさん》から遠く離《はな》れて暮《く》らしているわたしにとって、ううう、申《もう》し訳《わけ》ないけどあれは気持ち悪い虫に見えてしまう。

「仕方ないんですよ。ヒトにはもともと、自分のテリトリーの外側にいる存在《そんざい》を敵だと考える思考が染《し》みついているので」

というはなしに、うーむと考え込《こ》んだ。そういう思考があるせいで、異民族《いみんぞく》だから、異宗教《いしゅうきょう》だからという理由で敵対するのか、にんげんどもは。マイノリティを理解しようともせずに手っ取り早く「嫌悪《けんお》」する人がいるのも、その思考のなせるところなのか。「気持ち悪い」と感じることは避《さ》けられないとしても、それが増大すると危険《きけん》だということはちゃんと考えておかないといけないなぁ。人々《ひとびと》が抱《いだ》くちょっとした違《い》和感《わかん》が権力者《けんりょくしゃ》に利用されて、社会が分断され、戦争や虐殺《ぎゃくさつ》が起きた歴史もよーく心に刻《きざ》んでおかなければ。前章で瀬戸口《せとぐち》先生が教えてくれた、「害虫は敵だ」と国民を煽《あお》ることが異質《いしつ》なものを許さない近代国家をつくる流れと一致《いっち》していたはなしも思い出される。

あれこれと考えを巡《めぐ》らせるわたしを尻目《しりめ》に、川合先生は朗《ほが》らかに言った。

「あのね、虫って無防備に寄ってくるでしょう。それが気持ち悪いんじゃないかなぁ」

哺乳類《ほにゅうるい》でも鳥でも魚でも、ほかの生き物は通常、にんげんを警戒《けいかい》してなかなか近づいてこない。でも虫は平気で近寄ってくる。虫ぎらいをつくるのは、テリトリーを侵害《しんがい》される嫌悪感《けんおかん》なのではないか、と。

なるほど一理《いちり》ある。わたしだってカマキリやゴキブリが森の中にいる分には別にいやじゃないわけで。家の中に入ってきた瞬間《しゅんかん》、「ぎゃあ」ってなるのだから。

嫌悪感《けんおかん》について理解したところで、わたしは先生の顔をじっと見た。

「それで、わたしの虫ぎらいはなおるでしょうか」

「見慣れないものが気持ち悪いのならば、見慣れればいい。というのが、嫌悪《けんお》をなくすひとつの方法ですよね」

川合先生は大学時代の恩師のはなしをしてくれた。その恩師の研究室に行くと、デスクまわりにカエルのぬいぐるみや置き物がずらりと並《なら》んでいたらしい。さぞカエルがお好きなのかと思ったら、じつは逆で、大のカエルぎらい。嫌悪感《けんおかん》を少しでもなくすため、かわいいカエルグッズを身近に置いて、カエルに慣れる努力をしていたのだ。

川合先生ご自身も「慣れる作戦」を遂行《すいこう》中だという。

「ぼくも毛虫や青虫が大きらいですけど、うちの子にせがまれて『はらぺこあおむし』の絵本を読んだり、ポケモンにも青虫みたいなキャラがいるんでそれを見たりしているうちに、まぁ、ほんの少しだけ……」

「慣れましたか」

「はい。努力の甲斐《かい》あって、昔よりは平気になってきました。庭木の剪定《せんてい》をしていると毛虫が出てくることがあるんですが、落ち着け、恐怖《きょうふ》と嫌悪《けんお》を混同してはいけないぞ、と自分に言い聞かせて乗り切っています」

ふふふ。最先端《さいせんたん》の認知科学《にんちかがく》を研究している先生が、毛虫を前にして「これはこわいんじゃないいんだ。気持ち悪いだけなんだ。命に関わる危険《きけん》じゃないから、だいじょうぶ」と自分に言い聞かせる姿《すがた》を想像すると笑ってしまう。

「世の中は無菌室《むきんしつ》じゃないですからね。気持ち悪いものがいるから楽しいってこともあるし。気持ち悪さは人生のスパイスくらいに考えておけばいいんじゃないでしょうか」

とほほえむ先生が印象に残った。

虫は人生のスパイス。

それはいい考え方だなぁ。虫のいない無菌《むきん》な世界と、虫のいるごちゃごちゃした世界なら、きっとごちゃごちゃのほうが楽しいはずだもん。

取材を終えて

川合先生は『コワイの認知科学』のエピローグに、じつは自分にもこわいものがあるがそれが何かは学生や同僚《どうりょう》には内緒《ないしょ》にしている、と書いている。先生がこわいものってなんだろう、質問しても答えてくれないかなーと思いながら研究室にうかがった。先生は、案外あっさりと口を割《わ》った。「毛虫と青虫です」と。

こわいとか気持ち悪いという感情について深く研究し、その仕組みや背《はい》景《けい》をよーく理解している学者であっても、苦手なものがあるんだと知って、なんだかホッとする。にんげんである以上、どんなに偉《えら》い人でも賢《かしこ》い人でも嫌《けん》悪《お》の対象があり、それを克服《こくふく》しきれずに生きているのかもしれないなぁ。

恐怖心《きょうふしん》はもちろん、たぶん嫌悪感《けんおかん》も、そう簡単《かんたん》にはなくならないということもわかった。虫を好きになろう、と力んでも無理なものは無理なのだ。「苦手意識を手なずけていく」ぐらいの気持ちでボチボチいくのがいいのかも。

昆《こん》虫《ちゅう》園《えん》に行く

動物園の
となりに
あるよ

ついに、その日が来た。

わたしはカメラとスケッチブック、それに覚醒水準《かくせいすいじゅん》が高まったときに汗《あせ》を拭《ふ》くための手ぬぐいをカバンに詰《つ》めて家を出た。土曜日の京王線は適度に混んでいる。連れ立って行楽地に向かう家族や友だちグループ。いいなぁ、みんな楽しそうで。わたしはひとり旅だ。いや、でも、今日はひとりで行かなきゃ意味がないのだ。ひとりでちゃんと対峙《たいじ》するのだ。あやつらと！

覚悟《かくご》を決めて向かった先は東京都日野市にある多摩動物公園《たまどうぶつこうえん》。ここの昆虫園《こんちゅうえん》はすごいという噂《うわさ》はかねがね聞いていた。百種類以上の虫が飼育されている。温室内をチョウが乱舞《らんぶ》し、バッタが飛び回っている。巨大《きょだい》なゴキブリや巨大《きょだい》なゲジゲジもいる。……などの情報を得ていた。「虫好きの聖地《せいち》」と言われているらしい。ということは「虫ぎらいの地獄《じごく》」ではないか。うーむ。

わたしの中で、多摩動物公園昆虫園《たまどうぶつこうえんこんちゅうえん》はいつか行かねばならぬ場所であり続けた。でも、どうしても二の足を踏《ふ》んでしまう。「いつかそのうち」と後回しにしにしているうちに虫ぎらいの取材は大詰《おおづ》めとなった。

それでついにエイヤッと心を決めて、早春の多摩《たま》丘陵《きゅうりょう》にやってきたわけである。風はちょっぴり冷たいが、日差しはまぶしくあたたかい。絶好の動物園日和《びより》に、園内は親子連れで賑《にぎ》わっていた。「ライオン見たい」「コアラんとこ行こっか」などと盛《も》り上がる家族たちをグングン追い越《こ》して、わたしは一直線に昆虫園《こんちゅうえん》に向かった。目的は虫！　とにかく虫！　あとから考えると、たぶんリングに向かうボクサーのような表情をしていただろう。わは、恥《は》ずかし。気合入りすぎ。

かわいいバッタを発見する

まずは昆虫生態園《こんちゅうせいたいえん》。ガラス板の向こうに展示《てんじ》されている虫たちをひとつずつ、丁《てい》寧《ねい》に見ていった。ギョッとかゾワッとする虫は、距離《きょり》を置いて遠巻《とおま》きに眺《なが》めた。「お、これは悪くない。むしろおもしろい」と思える虫は、近づいてしげしげと観察した（どんなに近づいてもガラス板があるから安心だ）。説明文も丹念《たんねん》に読んだ。ときどきメモをとったり、スケッチをしたり、写真を撮《と》ったり。事情を知らない人からしたら、ずいぶん熱心に観察している虫好き女に見えたことだろう。

そしてこの昆虫生態園《こんちゅうせいたいえん》の目玉である巨大《きょだい》な温室にたどり着いた。一千～二千匹《びき》のチョウとバッタが放し飼いされている。チョウを手でさわるのは禁止らしい。「ま、言われなくてもさわらないし」と思いつつ、恐《おそ》る恐《おそ》るドアを開けた。

あったかくて、植物の緑が濃《こ》い。差し込《こ》む陽光の中を、色とりどり、大小さまざまなチョウが舞《ま》っている。

「わー、なにここ、南国じゃん。楽園じゃん」

と素直にそんなことを思った。よく見るとかなり大きくて不気味なチョウもいるんだけど、こちらに近寄ってくる気配はなくてホッとする。「寿命《じゅみょう》の短いチョウもいます。やさしく見守ってください」と書かれた看板《かんばん》が立っており、このチョウたちの一生は、ヒトの時間感覚からすればごく短いものなんだなぁとしみじみ。命短し、恋《こい》せよ蝶々《ちょうちょう》。

そのときだ。いきなりボトッと音がしてトノサマバッタが目の前の地面に落ちてきた。ギャッ。足がすくむ。わたしはそのトノサマを跨《また》ぐことができない。わーん、どうしよ。トノサマがどいてくれないと永遠にここから動けない。泣きたくなってくる。

じっと固まっていたら、やがてトノサマはどこかへ行ってしまった。あぁ、助かった。もはやさっきまでの「ここは楽園」「恋《こい》せよ蝶々《ちょうちょう》」の気分はしゅるしゅるとしぼみ、わたしは足早に温室を通り抜《ぬ》けたのであった。

以下、昆虫生態園《こんちゅうせいたいえん》で印象に残った虫たちを紹介《しょうかい》する。

【ダイトウクダマキモドキ】

お、これはかわいい。小さい点のような目がかわいい。トンボやカマキリの何がこわいかというと大きなギョロ目がこわいのだ。その点、こいつはなんだか絵に描《か》きたくなるではないか。いや、もちろんさわるのはいやだけど……。

【オオゴマダラ】

幼虫《ようちゅう》の毒々《どくどく》しい色使いを見て

「ここは危《あぶ》ない。さっさと通り過ぎよう」と思ったのだけど、金色の蛹《さなぎ》のあまりの神々《こうごう》しさについ立ち止まってしまう。べっこう飴《あめ》のよう。キラキラしている。

【カマドコオロギ】

ううう、触角《しょっかく》が集まりすぎ。ゾワゾワして見ていられない。

【オオゲジ】

↑描けませんでした…→

これはいかん。

※取材ノートを見返すと「オオゲジ。これはいかん」と殴《なぐ》り書きしてあった。十センチほどの大きなゲジさん。これはいけませ

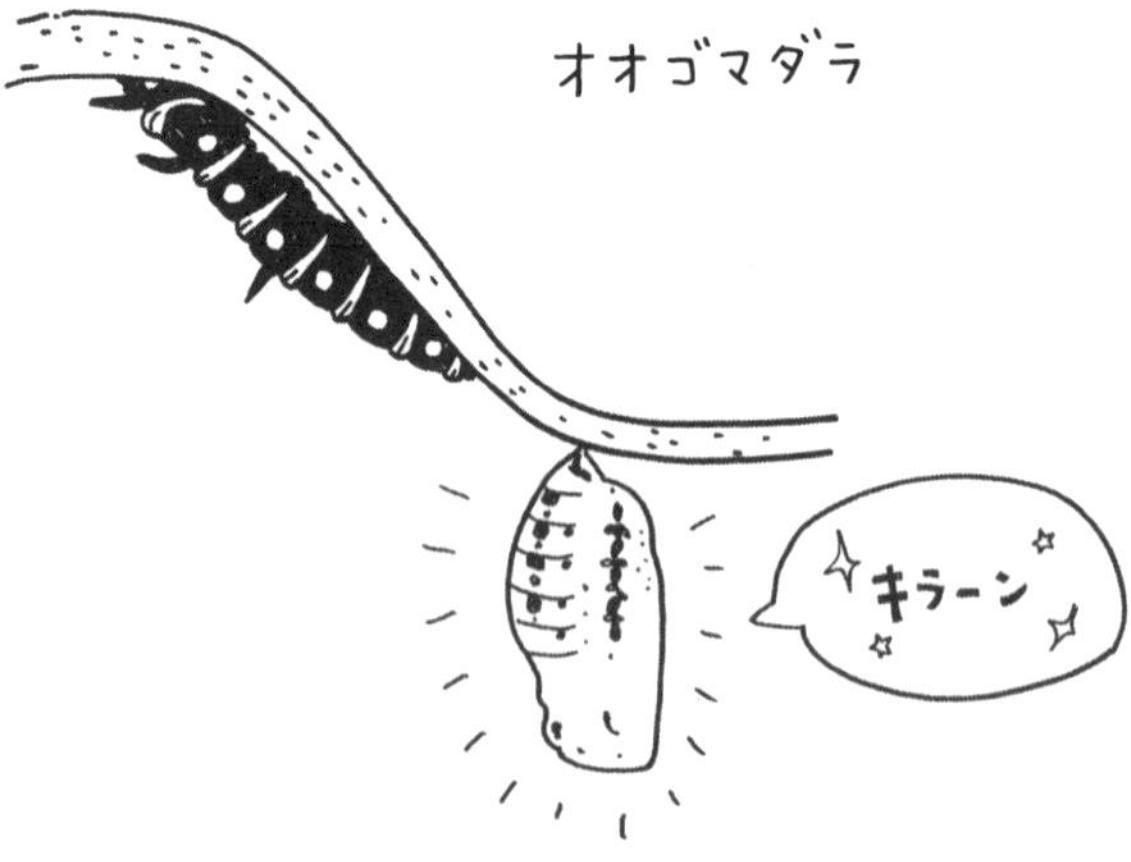

ん。

【オオゴキブリ】と【コクワガタ】

ふたつの虫が並《なら》んで展示《てんじ》されていた。サイズは似たようなもん。黒くてかたいのも似たようなもん。はっきり言って、名前を聞かなかったらオオゴキさんのほうがずんぐりしててかわいい。コクワさんはツノがあってこわい。

なんて思っていたら、子連れのお母さんがやってきて言った。

「ほらほら、クワガタがいるよー。わっ、やだ、ゴキブリもいるじゃん。きもーい。これ見るとゴキブリがきらわれる理由わかるよね」

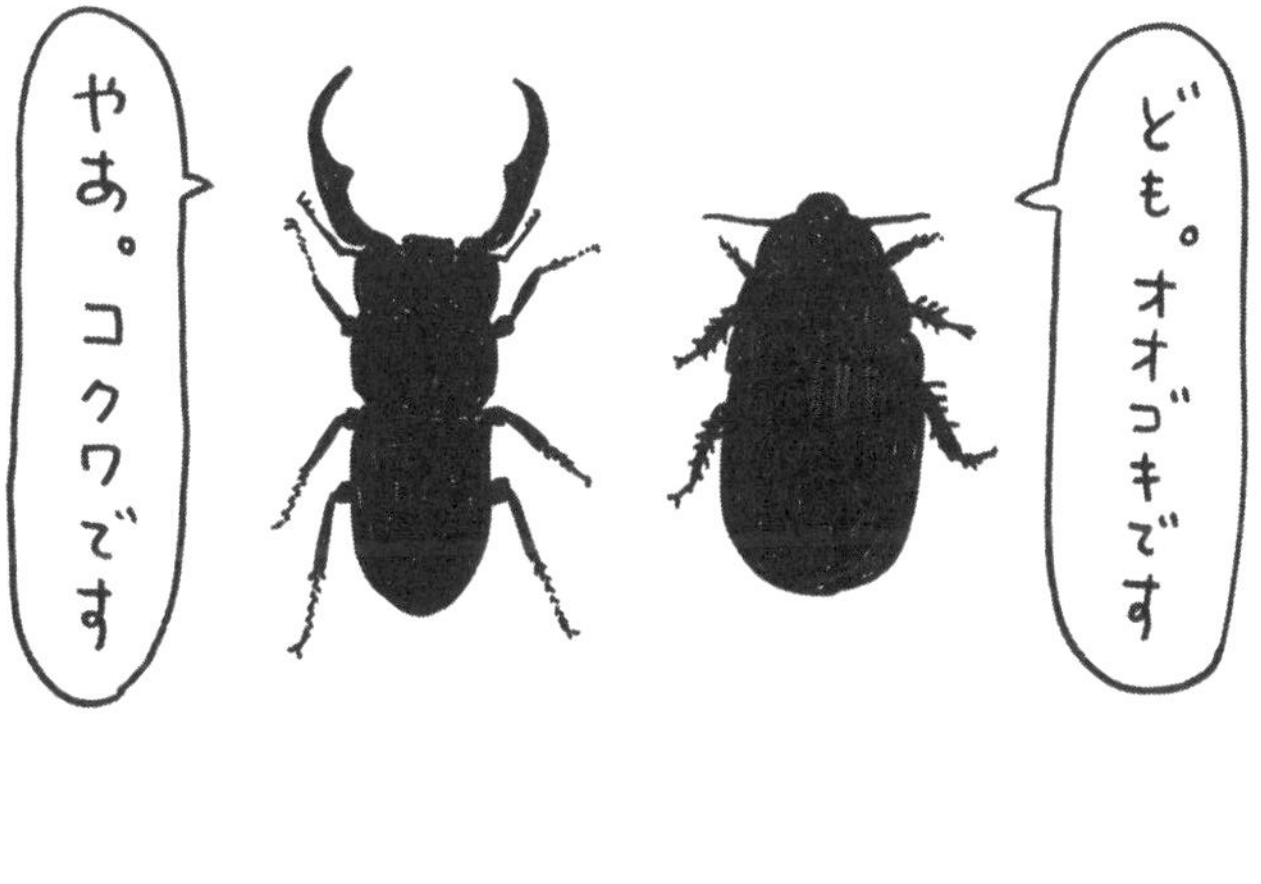

横で聞いていたわたしは、かなり本気でムッとした。なんか、すっごい、差別じゃない？　とはいえ「じゃあ、あなたはオオゴキブリが好きなんですか」と聞かれたら、力なく「いいえ」と答えざるを得ないのであるが……。

このふたつを並《なら》べて展示《てんじ》しているのは、クワガタは人気者でゴキブリはきらわれ者だけど、それってどういうことなんだろうと考えさせるためなのだろうか。

サツマゴキブリとふれあえるか？

続いて昆虫園本館《こんちゅうえんほんかん》へ足を踏《ふ》み入れる。館内案内図に「ふれあいコーナー」という文字を見つけて息を飲む。出たよ、ふれあい。ま、とにかく、見るだけ見ようと勇気を出してそのコーナーへ歩を進める。子どもたちの頭の向こうに、虫のケージらしき箱と「出した虫は戻《もど》してね」「足が取れやすいので体を持ってね」なんて注意書きが目に入り、緊張《きんちょう》が高まる。

ふれあいの対象は、オキナワナナフシ、トノサマバッタ、サツマゴキブリ、ダンゴムシとワラジムシというラインナップだ。

ダンゴムシとワラジムシは同じ箱に入っていた。さわられて丸くなるのがダンゴムシで丸まらないのがワラジムシ、という差を体験できるらしい。小学生の男の子と女の子がためらうことなく手を突《つ》っ込《こ》んでいる。勇気あるなぁ。

と、そのとき、お母さんだろう、女性の怒声《どせい》が館内に響《ひび》いた。

「なにさわってるの！　すぐ手を洗《あら》ってきなさい！　石鹸《せっけん》で洗《あら》うのよ‼」

えええー、とわたしは心の中で反抗《はんこう》した。だってここ、ふれあいコーナーじゃん。怒《おこ》らなくてもいいじゃん。虫をそんな不潔扱《ふけつあつか》いしなくたっていいじゃん。いやぁ、でもなぁ、もしわたしが母親だったら、やっぱりこんなふうに言っちゃうかもしれない。はぁ……。

気を取り直して、隣《となり》のサツマゴキブリをこわごわと覗《のぞ》き込《こ》んだ。サツマさんは羽が退化しているゴキで、やや大きめのダンゴムシみたいな姿《すがた》をしていた。うーん、愛《あい》嬌《きょう》があるっちゃ、ある。まだ幼稚園《ようちえん》くらいの男の子がふたり、サツマさんを指でつつきながら話し合っていた。

「かわいいね」

「うん、かわいい」

「硬《かた》いね」

「うん、硬《かた》くてかわいい」

ふふふ、その会話がかわいい。ほっこりしながら聞いていると、男の子たちはわたしを見上げて言った。

「これ、さわっていいんだよ」

「さわってごらんよ」

う、うん、そうか、じゃあさわってみようかな。わたしはあとに引けなくなってしまい……シャープペンシルのお尻《しり》をサツマさんに近づけた。わはは、これじゃ、さわったって言わないよ！　って自分で自分にツッコミを入れつつ。シャーペンでつつかれたサツマさんはビクッと動き、つられてわたしもビクッとした。あぁこわかったーを飲み込《こ》んで、

「うん、かわいいね」

と引きつった笑いを残し、わたしはその場を去ったのだった。

農業をするアリ、登場！

さらに進むと、水生昆虫《すいせいこんちゅう》や外国の昆虫《こんちゅう》が展示《てんじ》されていた。

【タガメ】

水槽《すいそう》を覗《のぞ》き込《こ》むと、ちょうど食事中だった。タガメは魚の体を前脚《まえあし》で押さえて、針《はり》のような口を刺《さ》し、溶かした体液をチューチューと吸《す》っている。お客さんからは「げげ」「エグい」「残酷《ざんこく》」なんて声が上がっていたけど、そりゃあ食事もするよねぇ、生きているんだからねぇ。

【ハキリアリ】

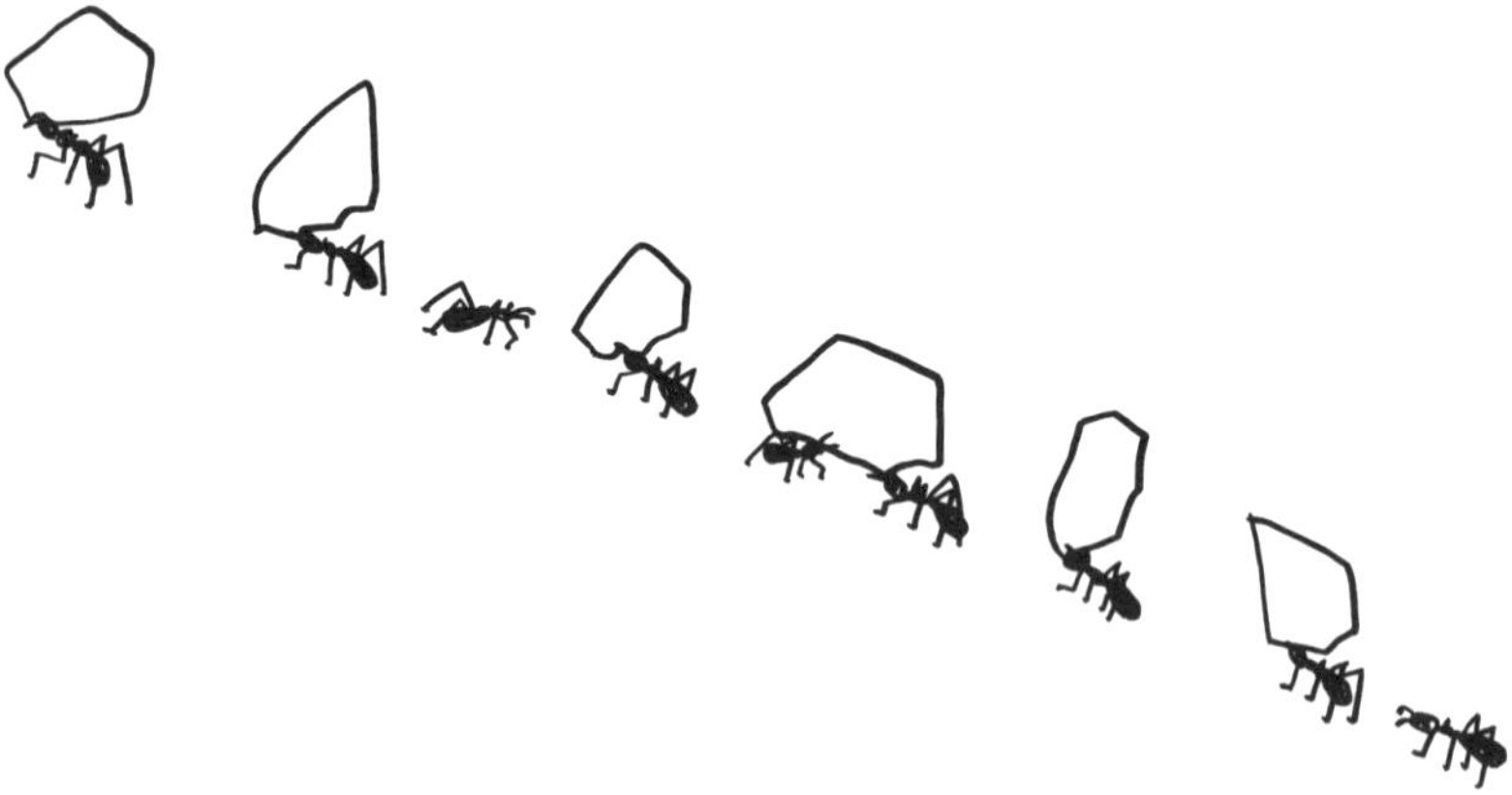

「おぉ、これがハキリアリか！」
とわたしは興奮《こうふん》した。ハキリアリのことは本で読んで知っていた。葉っぱを切り取って巣に持ち帰り、それを使って巣内に畑をつくり、そこで菌《きん》を栽培《さいばい》し、収穫《しゅうかく》して食べるという。その独特のライフスタイルから、「農業をするアリ」と言われているやつだ。

横に長い展示《てんじ》ケースには、ハキリアリの一族がうじゃうじゃと動き回っていた。数万匹《ひき》はいるだろうか。中米のジャングルでは百万匹《びき》単位の一族でひとつの巣を切り盛《も》りしていると聞く。葉っぱを切って運ぶ役目、巣穴《すあな》を警備《けいび》する役目、持ち帰った葉っぱを細かく切り分ける役目、それで畑

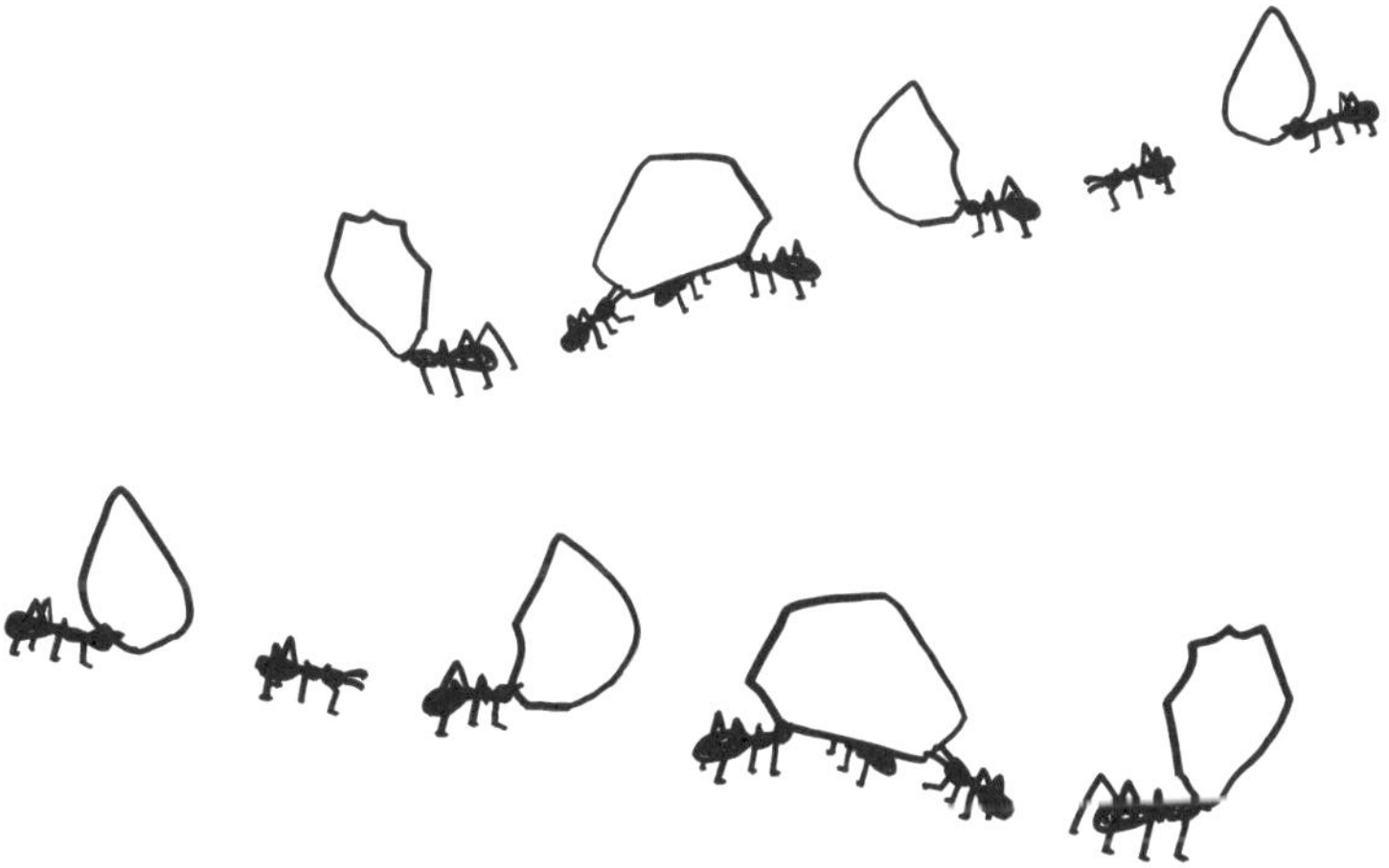

をつくる役目……など役割分担《やくわりぶんたん》が細分化されているのがよくわかる。

「うひょひょ、おもしろいなぁ」

わたしはニヤニヤしながら飽《あ》きずに眺《なが》めた。まるで多くのサラリーマンがせっせと働く大企業《だいきぎょう》のビルの中を覗《のぞ》いているような気分。

ところが。ハキリアリの展示《てんじ》の前を通る人は、

「わ、気持ち悪い」

「ヤベー、うじゃうじゃいるじゃん」

「キショイ。見てらんない」

とか言ってぜんぜん関心を示さないのだ。説明を読もうともしないで、どんどん通り過ぎてしまう。「ちょっとちょっと、待ってくださいみなさん、これはすごいアリなんですよ、農業してるんですよ！」と、わたしは大声で言いたい衝動《しょうどう》に駆《か》られた。

多摩動物公園《たまどうぶつこうえん》の売店では、ハキリアリのマスキングテープまで売られているのだ。園のイチオシ生物なんだから、みんなもっと注目してくれ〜。

当初の予定では、昆虫園《こんちゅうえん》の見学は一時間ほどで切り上げ、あとの一時間はカバや

ゾウやカンガルーなどを眺《なが》めて和《なご》むつもりだった。しかし虫ひとつひとつと対峙《たいし》し、ドキドキしたり、ビクビクしたり、見学者の言動に考えさせられたりしているうちに、気づいたら二時間が経過していた。こんなに長い時間を虫と過ごしたのは人生で初めてだ。まるで超大作映画《ちょうたいさくえいが》を見終わったあとのように達成感と疲労感《ひろうかん》でぐったり。

だが、ひと休みしている暇《ひま》はない。飼育員の古川さんとの約束の時刻《じこく》が迫《せま》っていた。わたしはさきほど気合十分で登ってきた坂を、今度はヨロヨロと下って事務所に向かった。

ツダナナフシさん
ミントの匂いの液を噴射する

ふるかわさおりさん

1985年 神奈川県生まれ

7人め

虫たちは、仕事仲間です

古川紗織さん

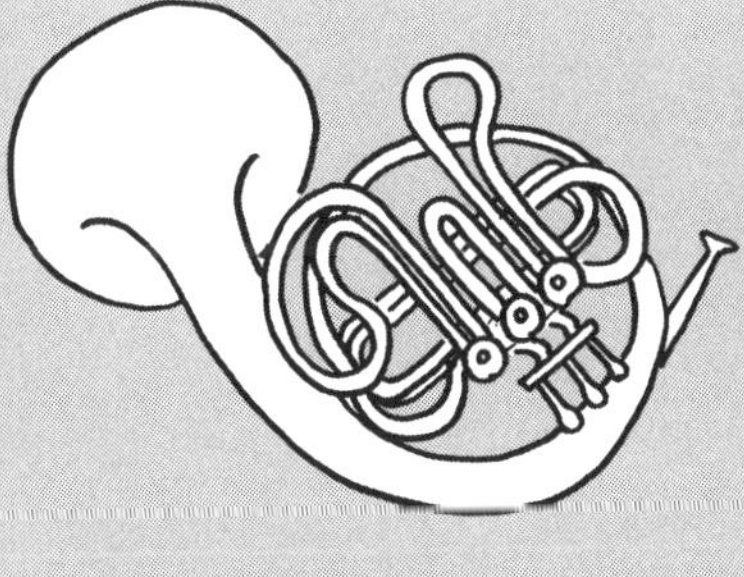

中高時代は
吹奏楽部で
ホルンを吹いて
いたとか。

古川紗織《ふるかわさおり》さんは三十代の女性飼育員だ。任されているのは、昆虫園《こんちゅうえん》の「南西諸島《なんせいしょとう》のいきもの」コーナーにいる十数種の虫やサソリやトカゲ。それから展示《てんじ》はしていないが小笠原諸島《おがさわらしょとう》の固有種であるオガサワラシジミの保全活動も古川さんの担当《たんとう》だという。目がくりっとしていて、ほっぺがほんのりピンク色。明るくて穏《おだ》やかな雰囲気《ふんいき》が全身から溢《あふ》れている。

オフィスでご挨拶《あいさつ》したあと、会議室に案内してくれた。その間の雑談のつもりで、わたしはつい今しがた見てきた光景について語った。

「ハキリアリ、すごいですね。葉っぱで畑をつくっているところ、初めて見ました。なのにみんなキモイとか言っちゃって、ちゃんと見ないんですよ」

古川さんは笑いながら言った。

「今日のご取材は、虫ぎらいはなおるかというテーマだと聞いてますけど、金井《かない》さん、すでに虫ぎらいを克服《こくふく》してません？」

えっ。

わたしは一瞬《いっしゅん》、ことばを失った。た、たしかに。この不思議な感情はなんだろう。

ハキリアリを気持ち悪いと言う人に対する憤《いきどお》り。ハキリアリのすごさを知ってほしいという欲望《よくぼう》。あれ？　わたし、ハキリアリが好きなのか？

いや、でも、ハキリアリをさわることはとてもできない。それにハキリアリが家の中にいたらいやだなぁ。わたしは葉っぱを背負《せお》ったアリの行列がわが家の廊下《ろうか》を行進しているシーンを思い描《えが》き、ゾッとして急いでその想像をかき消した。うーん、やっぱりわたしの虫ぎらいは克服《こくふく》されていないようだ……。

たぶんわたしは「農業をするアリ」という存在《そんざい》をおもしろがっているのだと思う。そういう妙《みょう》ちきりんな生態のアリがいることを本で読んで知っていたから、今日が初対面だったハキリアリにこんなに惹《ひ》かれた。やっぱり「知る」が、はじめの一歩なのかもしれないなぁ。

などと思いを巡《めぐ》らせつつ、古川さんのインタビューを開始する。

小学校一年生のときから飼育員になりたかった

古川さんは神奈川県《かながわけん》で生まれ育った。

「結構いなかです。まわりに田んぼがあって、虫もたくさんいました」

チョウ、バッタ、トンボなどは平気でつかまえていたという。蜘蛛《くも》はちょっと苦手。ゴキブリはあまり見たことがなかった。

小学校一年生で、文集の「将来《しょうらい》の夢」の欄《らん》に「どうぶつえんのしいくがかり」と書いた。

「でも理由がどうしても思い出せないんです」

家でペットを飼っていたことはなく、動物園が大好きだった記憶《きおく》もない。だから当時なぜ飼育員になりたいと思ったのかは今でも謎《なぞ》らしい。

獣医《じゅうい》になりたいと思ったこともあったが、犬や猫《ねこ》より牛に興味があったので東京農工大学農学部生物生産学科に進学。大学時代は、とにかく農業実習が楽しかったという。畑をつくったり、牛の世話をしたり、田植えをしたり。

「いずれ北海道の酪農家《らくのうか》の嫁《よめ》にでもなろうと考えてました」

そんな折、大学の掲示板《けいじばん》で動物園の飼育実習のお知らせを見た。「あ、おもしろそう」とすぐに応募《おうぼ》し、上野動物園で二週間の実習を経験する。終わるころには動物園に就職《しゅうしょく》しようと心を決めていたという。動機が曖昧《あいまい》だった小学校一年生のときとは違《ちが》い、理由ははっきりしていた。

「動物園の役割《やくわり》に惹《ひ》かれた、それに尽《つ》きますね」

野生動物を飼育すること、それからお客さんに動物の魅力《みりょく》を伝え、ひいては自然《しぜん》環境《かんきょう》を守る意識をもってもらうこと。その両方が動物園の役割《やくわり》だという。

「動物たちっておもしろいでしょう。こんな生き物が同じ地球にいるのかと思うと楽しくなりますよね。環境保全《かんきょうほぜん》みたいなこむずかしいことも、動物を通して柔《やわ》らかく伝えることができるのが動物園なのかなって」

「いいお仕事ですねぇ」

とわたしが言うと、古川さんも、

「はい、いい仕事ですよねぇ」

ニコニコと応じた。あぁ、いいなぁ。ご自分の職を「いい仕事」と言う人に会うとうれしくなる。

そういうわけで、古川さんは大学卒業後、迷うことなく東京動物園協会の職員になった。東京都から四つの施設《しせつ》(恩賜上野動物園《おんしうえのどうぶつえん》、多摩動物公園《たまどうぶつこうえん》、葛西臨海水族園《かさいりんかいすいぞくえん》、井の頭自然文化園《いのかしらしぜんぶんかえん》)の管理業務を請《う》け負《お》っている公益財団法人だ。じつは就職試験《しゅうしょくしけん》には落ちてしまい、一年契約《けいやく》の嘱託職員《しょくたくしょくいん》からのスタートだったらしい。改めて採用試験を受けて、五年目からは正規職員に。

最初の六年間は井《い》の頭自然文化園《かしらしぜんぶんかえん》で勤務《きんむ》していた。モルモットのふれあいコーナーを長く担当《たんとう》し、そのほか野鳥、テンやハクビシンなどの小動物の飼育に従事《じゅうじ》した。仕事量に慣れるまでは苦労したが、やりがいがあった。

「動物が死ぬのは……うーん、悲しいというより悔《くや》しいですね。自分がもっとこうしていたらと思うこともしょっちゅう。とくにモルモットは飼育動物の中では寿命《じゅみょう》が短いほうなので、生も死もたくさん受け止めなければいけなくて」

二〇一五年春、そんな古川さんに異動《いどう》の辞令が下った。行き先は多摩《たま》、担当《たんとう》は昆虫《こんちゅう》。

昆虫《こんちゅう》の飼育員にも虫が苦手な人はいる

「最初に異動《いどう》先を聞いたときは、お、昆虫《こんちゅう》か、と思いました。ふふ。まぁ、特殊《とくしゅ》な部署《ぶしょ》ですよね。でも、いやだという気持ちはまったくなかったです」

古川さんはどんな虫もさわることができた。子どものころは苦手だった蜘蛛《くも》もいつの間にか平気になっていた。担当《たんとう》する「南西諸島《なんせいしょとう》のいきもの」コーナーには、八重山《やえやま》諸島《しょとう》のサソリやカナヘビなど昆虫《こんちゅう》以外の生き物もいるが、それらにも親しい気持ちで接している。

「サソリって子だくさんで、おもしろいんですよ。チビのサソリがお母さんの背中《せなか》にうじゃうじゃとついているんです。ヤスデなんかも、たくさん足があるのがかわいらしいし」

ふんわりとした口調。自分のチームの選手たちを自慢《じまん》するやさしいコーチみたい。

ちなみに「南西諸島《なんせいしょとう》のいきもの」コーナーにいるアマビコヤスデは、五センチくらいの大きさで、黒と黄色のしましまの体に黄色の足が大量について、モゾモゾモゾと動いている。うーん、あいつのこと、かわいらしいって言えるんだ……。

「同じ地球にこんなおもしろい生き物がいるなんて、という感慨《かんがい》は哺乳類《ほにゅうるい》も虫もトカゲも同じですよねぇ」

すごいなぁ古川さん。いろんな生き物がいる、その多様性を愛しているんだなぁ。

ときどき休暇《きゅうか》を利用して、石垣島《いしがきじま》や奄美《あまみ》の自然観察に行くという。

「自分が担当《たんとう》している虫たちが、本来はどんな環境《かんきょう》で生きているのか確認《かくにん》したくて」

もちろん旅費は自腹《じばら》だ。その生き物にとってなるべく過ごしやすい環境《かんきょう》をつくり、上手に世話してあげたい。うまく繁殖《はんしょく》させてあげたい。そのためにプライベートの時間を費すのだから、古川さんの思いはもう仕事を超《こ》えている気がする。

「古川さんがうまく世話しないと、虫たちは死んじゃうわけですよね」

とわたしは尋《たず》ねた。

「そうですね」

「てことは、虫たちのお母さんみたいな気持ちで接してるんですか」

「あはは、お母さんではないです。わたしと虫の関係は……」

ちょっと考えてから、古川さんは続けた。

「虫たちは、仕事仲間ですね」

毎朝、仕事場に行けば虫がいて、「おはよう」と挨拶《あいさつ》をする。「今日も元気ですか」なんて声をかける。なるほど、それはたしかに仕事仲間だ。

「昆虫園《こんちゅうえん》の飼育員は、みなさん虫好きなんですか」

古川さんは一瞬《いっしゅん》迷ってから答えた。

「そんなことない、と思います」

古川さんが密《ひそ》かに教えてくれたところによると、現在、昆虫園《こんちゅうえん》の担当《たんとう》は十数人いて、その中に虫が苦手な人が少なくともふたりいる、らしい。ひとりは男性職員、ひとりは女性職員、らしい。「チョウの幼虫《ようちゅう》だけはどうも」など、ピンポイントで苦手な虫がいるケースも。

古川さんは、虫が苦手な同僚《どうりょう》の気持ちをこう推測《すいそく》した。

「何を考えているかわからないですよね、虫は。哺乳類《ほにゅうるい》とにんげん、あるいは鳥とにんげんだと、お互《たが》いを意識できる感覚があるけど、虫とはそれがない。虫が苦手な人は、そこがいやなのかなぁと思います」

もちろん虫が苦手な飼育員だって、仕事に対する姿勢《しせい》はまじめで熱心。自分も苦手だからこそ、どう展示《てんじ》したらお客さんに虫のおもしろさが伝わるかを一生懸命《いっしょうけんめい》考えるという。

ふむ、ということは……。古川さんのはなしを聞きながらわたしは思案していた。よく「虫がきらいなのは身近に虫がいないからだ」と言う人がいる。いわゆる「慣れれば好きになる」説だ。しかし、毎日虫と接している飼育員も苦手な虫は苦手なままだという事実は、「慣れれば好きになる」説を否定《ひてい》する。

「急に好きになれって言われてもむずかしいでしょうねぇ。おもしろがるところから始めるしかないかなーと思います」

と古川さん。多摩動物公園《たまどうぶつこうえん》でも毎年、小学校の先生向けの虫セミナーを開催《かいさい》している。最近は、理科の「虫を飼ってみよう」とか「外で観察してみよう」という項目《こうもく》にどう対応したらいいかわからない先生が増えているという。そういう先生たちには毎回、「今日一日で虫を好きになれとは言いません。でも『こいつらおもしろい存在《そんざい》なんだな』ってことを知ってほしい。それだけでだいぶ変わります」と伝えている。

バッタの仕草《しぐさ》はキュートだった

「ちょっと見ますか」

不意に古川さんが言った。じつは会議室に来るとき、古川さんは小さな虫かごをいくつか携《たずさ》えていた。わたしを気遣《きづか》ってか、その虫かごはテーブルの遠くのほうに置かれていたのだったが……。

わたしの緊張《きんちょう》を知ってか知らずか、古川さんはおもむろに虫かごを手元に引き寄せた。ひとつめの虫かごには、バッタが入っていた。

「あ！　こいつ！」

全身がきれいな薄緑色《うすみどりいろ》で、目がちっちゃい、あのバッタだった。展示《てんじ》の中で、わたしが唯一《ゆいいつ》「かわいい」と思えたダイトウクダマキモドキ。わたしはホッとして言った。

「あぁ、このバッタだったらかわいい絵が描《か》けるかも、と思ったんです」

「そうなんですよ。目が小さくて、飄々《ひょうひょう》とした顔をしているでしょう」

古川さんもうれしそう。

「何も考えていないように見えて、じつは結構好ききらいが激《はげ》しくて、その辺の草をちぎってあげても食べないんです」

もともと目が小さい上に、赤い目玉の真ん中に黒い点があるのが親しみやすい要因だと古川さんは分析《ぶんせき》する。

「でもこれ黒目じゃなくて、光の反射《はんしゃ》で正面が黒く見えるだけなんです」

あぁ、なるほど。だからダイトウクダマキモドキさんを見ると、向こうもわたしのほうを見ているように感じるんだ。視線《しせん》が合っているような気がして、なんとなく「かわいいやつ」と思えるのだ。

「あっ、ほら！　触角《しょっかく》を舐《な》めてます」

古川さんが小さく叫《さけ》ぶ。見るとダイトウクダマキモドキさんは、長い触角《しょっかく》を前脚《まえあし》でつかんで口元にもってきて、ペロペロと舐《な》めている。

「これは、触角《しょっかく》のメンテナンスですか？」

「そうそう、バッタは結構きれい好きで。触角《しょっかく》や脚《あし》をときどき舐《な》めて、きれいにしています。トノサマバッタも人にベタベタさわられたあとなんかは、丁寧《ていねい》に身繕《みづくろ》いするし、目が大きいバッタは前脚《まえあし》で目の表面をゴシゴシこすって洗《あら》います。その仕草がかわいいんですよ」

「猫《ねこ》が顔を洗《あら》うみたいな感じ？」

「はい、それに近いと思います」

わたしはダイトウクダマキモドキさんの身繕《みづくろ》いをじーっと観察した。猫《ねこ》が前足で顔を洗《あら》う仕草《しぐさ》が愛らしいように、バッタが触角《しょっかく》を舐《な》め舐《な》めしているのも、うん、たしかにかわいい、かも。

ふたつめの虫かごには巨大《きょだい》なナナフシが入っていて、ヒイッと息を飲む。しかも古川さん、虫かごの扉《とびら》を開けて、そいつをつかみ出した！

「ツダナナフシです」

「わわわ……」

古川さんの手のひらより大きい。しかも体が青い。「不気味《ぶきみ》ですね」とは言いかねて、わたしは必死でことばを探《さが》した。

「ええと、あの、青銅器《せいどうき》みたいですね」

突然《とつぜん》、外の世界に引っ張り出されたツダナナフシさんは、古川さんの手の上で前脚《まえあし》をビヨンビヨンと上下に振《ふ》っている。

「こうやって前脚《まえあし》をプラプラさせるのが特徴《とくちょう》です。これで行き先を探《さぐ》っているんです」

古川さんは愛《いと》おしそうにツダナナフシさんの背中《せなか》を摑《つか》んだ。その刹那《せつな》、シュッ！と白い液体が噴射《ふんしゃ》された。

「わ！　なんか出た！」

思わず大声を出すわたし。古川さんは笑顔のまま、腕《うで》についた白い液体を指で拭《ぬぐ》って、クンクンと匂《にお》いを嗅《か》ぐ。

「こんな匂《にお》いなんです」

とわたしのほうへその指を差し出すので、恐《おそ》る恐《おそ》る鼻を近づける。

「あ、スーッとする匂《にお》い」

ミントのガムみたいないい匂《にお》いだった。

「そうそう、ミントっぽいでしょう。この虫のことを英語では、ペパーミントスティックインセクトというんです。たぶん鳥を撃退《げきたい》するための刺激物《しげきぶつ》だと思います。上から摑《つか》まれたら、前脚《まえあし》の付け根からこれを出すんですよ」

アダンというものすごく硬《かた》い葉っぱしか食べないという情報にも驚《おどろ》いたが、ツダナナフシは基本的にメスだというはなしに仰天《ぎょうてん》する。

「メスだけで卵《たまご》を産んで、その卵《たまご》から次の世代がちゃんと育つんです。オスはまず見つからないです。数年前に石川県の昆虫館《こんちゅうかん》でオスが確認《かくにん》されましたが、たぶん世界で初めてじゃないかな」

ナナフシの仲間にはメスだけで繁殖《はんしょく》できる種が結構いるらしい。オスとメスが交《こう》尾《び》をして子孫を残すタイプの生き物は、遺伝子《いでんし》が混ざるので環境《かんきょう》に対応しやすいメリットがある。だがオスとメスが出会わなきゃいけないリスクもあるし、生殖器《せいしょくき》を二種つくらなければならない。メスだけで子孫が残せるならば、出会いを求める必要がない分、楽だとも言える。

「へええ、そんな虫がいるんですね。ツダナナフシは家族と一緒《いっしょ》に暮《く》らすんですか」

「野生のツダナナフシは群れないですね」

「じゃあ生まれてから死ぬまでずっとひとりなんですねぇ……恋《こい》もしないで」

「同じ地上に生きているのに、こんなにも違《ちが》う選択《せんたく》をしている生き物がいる、というのはおもしろいですよね」

古川さんはずっとツダナナフシさんを手に乗せたまま話している。わたしも会話をしながらずっとツダさんから目が離《はな》せない。

「さわって、みます？」

「……」

「いや、別にさわれなくてもいいんですよ」

「……」

「ほら、脚《あし》の先が丸くなっていて肉球みたいでしょう」

「にくきゅう……」

「ペタペタして、気持ちいいんですよ」

「ああ……」

そこまで言われてもさわる勇気が出ないわたしを見て、古川さんは明るくその話題を打ち切った。

「じゃ、戻《もど》しましょうか」

ツダナナフシさんは再び、虫かごに入れられようとしている。

「あ、あ、あの、ちょっと」

わたしは声をかけた。

「ちょっとだけ、さわってみようかな」

わたしはツダさんを自分の手に乗せることはどうしてもできなくて、古川さんに胴《どう》体《たい》を持っていてもらって、お尻《しり》の先をちょこっと指で触《ふ》れた。

「ひんやりしてるでしょう」

と古川さんは朗《ほが》らかに言ったが、わたしにはツダさんのお尻《しり》がひんやりしていたかどうかなんてまったくわからなかった。

取材を終えて

取材前、「ついに多摩《たま》動物公園《どうぶつこうえん》の昆虫園《こんちゅうえん》に突撃《とつげき》するのだ、フンフンフン！」と鼻息荒《あら》く宣言《せんげん》するわたしに、友人は言った。「無理はよくない」。ストレスがかかることをしたら、体調が悪くなったり、精神のバランスを崩《くず》したりするというのだ。たしかにそうだ。過信は禁物。だから昆虫園《こんちゅうえん》に行ってみて、これはやばいと思ったら無理はせず、すぐに撤退《てったい》しようと思っていた。まるでエベレスト山頂《さんちょう》にアタックをかける登山家のような心持ちだったのだ。

結果的には、思った以上に虫に近づけたと自負している。もちろん虫が好きになったわけじゃない。でも、古川さんのサポートもあって、バッタのかわいい仕草《しぐさ》を愛《め》でるところまでたどり着いたのだ。快挙と言っていいだろう。

古川さんの虫に対する「好き」オーラがすばらしかった。やっぱり「好き」はいいなぁ。人をしあわせにするのは「きらい」じゃないんだ、「好き」なんだ。

おわりに

　こうして、「虫ぎらいはなおるかな？」の旅は終わった。

　七人の達人と出会い、すっかり忘《わす》れていた子どものころの虫体験がよみがえってきた。これまで考えたこともなかった虫の一生に思いを馳《は》せた。「好きってなんだ？　きらいってなんだ？」の問題に行き当たり、にんげんの傲慢《ごうまん》さに心がざわつき、「こわい」のルーツを知った。

　わたしには人に会うとつい「この人は、どういう経緯《けいい》で今のお仕事にたどり着いたのだろう？　人生のお役目をどこで獲得《かくとく》したのだろう？」ということが知りたくなってしまう。それで、虫とは直接関係のない質問もあれこれ繰《く》り出して、個別のエピソードをしみじみと味わった。どの人にも物語が詰《つ》まっていた。

「虫ぎらいはなおるかな？」は、もともと自分ひとりのささやかな問題だったのに、外に出て、世の中をキョロキョロと見回して、人のはなしを聞くうちに、疑問《ぎもん》や興味はいろんな方向にドカドカと広がっていった。これぞ旅の醍醐味《だいごみ》だ。ドカドカ行けば、ドカドカ広がる。

旅といえば、この本を書いている途中《とちゅう》でインドに行った。車道を、野良牛が五頭くらい連なってのそのそと歩いていた。屋根の上では猿《さる》たちがはしゃぎまわって、日陰《ひかげ》では野良犬がドテーッと寝《ね》ており、草むらを豚《ぶた》の一家がスタスタと歩いていた。わは、なんだここ、いろんなやつがいるじゃん、とわたしはうれしくなった。ふだん住んでいる東京とまったく異《こと》なる風景に目を奪《うば》われて、気持ちがのびのびする。

うれしい気持ちのまま、道端《みちばた》のチャイ（ミルクティー）屋に入る。壁《かべ》はなくて、柱だけあって、トタン屋根を乗っけただけの小屋。グツグツと煮《に》えたぎったチャイを小さな器に入れて出してくれる。一杯《いっぱい》十五円くらい。チャイには砂糖《さとう》がたっぷり入っていて、その甘《あま》い匂《にお》いにつられて、ハエがどわーっとたかってくる。油断するとすぐ、器のふちに五、六匹《ぴき》とまってしまう。

これ、東京だったら絶対に「げげ！」ってなる場面である。でもそのときのわたしは、なぜか平気だった。チャイを飲むとき、手でハエを払《はら》ってから口をつければいい。もしハエの足にバイキンがついていたとしても、チャイは口が火傷《やけど》しそうなほど熱々《あつあつ》なんだから消毒されるでしょ、なんて考えている。あの瞬間《しゅんかん》、インドの風に吹《ふ》かれて、わたしの「虫ぎらい」は蒸発《じょうはつ》していた。もしあの場面で右からゴキブリ、左からムカデがやってきたら「やぁやぁ」と鷹揚《おうよう》に挨拶《あいさつ》できた、かもしれない。

帰国して再び日常の暮らしが始まると、わたしはあっけなく「虫ぎらい」に戻《もど》った。虫との関係だけじゃなくて、インドにいたときの自分とはなんだか違《ちが》う。駅の人混みにイライラしたり、雨の日にスカートに泥《どろ》はねがつくのが気になったり。ぜんぜんのびのびしていない。もしかしたらわたしは本来もっと野性味や度胸《どきょう》があるにんげんなのに、窮屈《きゅうくつ》な都《と》会暮《かいぐ》らしで心が縛《しば》られているんじゃないか、という気がする。「自分は虫ぎらいだから」と、あたかもそれを不動の事実のように思って、自分自身に縛《しば》られているのかもしれない。

旅っていうのは、なにも遠くへ行くことだけを意味するんじゃなくて、今いる場所に縛《しば》られないことだ。

だから、「虫ぎらいはなおるかな?」の旅は終わったと書いたけれど、ほんとうは旅はまだまだ続くのだ。第一、わたしは現時点ではたった一回だけ、ツダナナフシさんのお尻《しり》の先っぽにさわることに成功したに過ぎない。ここで「やぁ、終わった終わった。おつかれさん」と笑っておしまいにできるほど、人生は甘《あま》くない。旅は続くよ、どこまでも。虫もいますよ、いずこにも。

今のところ、わたしが「虫、好き！」と言える日が来る気配はぜんぜんないんだけど、でも、昔は苦手だったわさびとセロリは今、大好物だし。建った当初は不気味《ぶきみ》に感じた東京スカイツリーだって、毎日見ているうちに慣れて、なんとなく親しい気持ちになってきたし。人生には予想外の展開《てんかい》がつきものだから、諦《あきら》めるのははやい。そうして。「きらい」がもつ魔力《まりょく》とか暴力性についてもちゃんと考えようと思う。自分と異《こと》なるものを、安易に「きらい」「こわい」「気持ち悪い」と言って排除《はいじょ》するのはとても危《あや》ういことだ。

違《ちが》う言語、違《ちが》う宗教《しゅうきょう》の人が隣《となり》に引っ越《こ》してくることを「なんとなく、こわい」と拒《こば》む人がいる。たまたま異性愛者《いせいあいしゃ》だった人が、同性愛の人を「気持ち悪い」なんて言う例もある。そういうことでは、楽しくておもしろい世の中にはならない。だから、「きらい」「こわい」「気持ち悪い」が間違《まちが》った方向に暴走しないように、利用されないように、ちゃんと考えなければ。

で、どうする、わたし？
今年も夏になったら、わが家にゴキ太郎《たろう》がやってくるかもしれない。そのとき、わたしはどういう気持ちになるだろう。どんな態度をとるんだろう。ゴキを排除《はいじょ》せずにいられるだろうか。せめて殺しは避《さ》けたい。ううう、今はまだ考えたくない……。

はなしを聞かせてくれた七人の達人に、そしてヘビぎらいの編集者・芳本律子《よしもとりつこ》さんと、なめくじぎらいのブックデザイナー・笠井亞子《かさいあこ》さんに、心から感謝しています。読んでくださったおひとりおひとりが、それぞれの「きらい」と上手につきあえるようになりますように。

二〇一九年　紋白蝶《もんしろちょう》ひらひらのころ

金井真紀

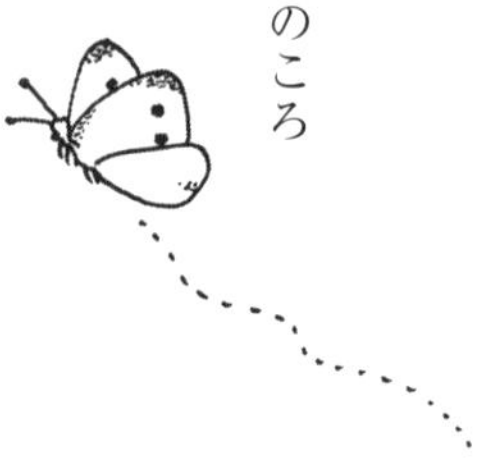

おはなしをうかがった方々

藤崎亜由子（ふじさき・あゆこ）**さん**

一九七六年、鹿児島県生まれ。京都・沖縄・岡山で育つ。二〇〇三年、奈良女子大学大学院人間文化研究科博士後期課程修了。大阪成蹊大学准教授などを経て、二〇一八年より兵庫教育大学准教授。専門は発達心理学。幼稚園を拠点に、虫と子どもの関係を調査・研究している。

久留飛克明（くるび・かつあき）**さん**

一九五一年、広島県生まれ。近畿大学農学部卒業。大阪府保健所勤務を経て、二〇〇一年から二〇一七年まで大阪府営箕面公園昆虫館館長。退職後は非営利団体昆虫科学教育館の館長を務める。ＮＨＫラジオ「子ども科学電話相談」の回答者。著書に『家の中のすごい生きもの図鑑』（山と渓谷社）。

奥山英治（おくやま・えいじ）**さん**

一九六二年、東京都生まれ。野遊びの大家・おくやまひさしの長男として、幼少のころから生き物観察の英才教育を受ける。アウトドア雑誌のライター、テレビの自然番組のコーディネーターなどを経て、二〇一四年より栃木県の自然体験施設ハローウッズのスタッフ。著書に『虫と遊ぶ12か月』（デコ）ほか。

奥村巴菜（おくむら・はな）**さん**

一九八九年、東京都生まれ。二〇一三年、女子美術大学大学院美術研究科修了（工芸・陶研究領域）。陶の生き物（おもにツノゼミとゾウムシ、ときどきカエル）を制作している。美術館、アートギャラリー、百貨店、陶器市、昆虫館など、作品発表の場は多岐にわたる。

瀬戸口明久（せとぐち・あきひさ）**さん**

一九七五年、宮崎県生まれ。京都大学理学部（生物科学）卒業後、同大文学部（科学哲学科学史）卒業。同大大学院文学研究科博士課程修了。大阪市立大学大学院准教授を経て、現在、京都大学人文科学研究所准教授。著書に『害虫の誕生　虫からみた日本史』（ちくま新書）ほか。

川合伸幸（かわい・のぶゆき）**さん**

一九六六年、京都府生まれ。日本学術振興会特別研究員、京都大学霊長類研究所ＣＯＥ研究員を経て、現在は名古屋大学大学院情報学研究科准教授。著書に『コワイの認知科学』（新曜社）、『ヒトの本性　なぜ殺し、なぜ助け合うのか』（講談社現代新書）、『凶暴老人　認知科学が解明する「老い」の正体』（小学館新書）など。

古川紗織（ふるかわ・さおり）**さん**

一九八五年、神奈川県生まれ。東京農工大学を卒業後、公益財団法人東京動物園協会に就職。井の頭自然文化園勤務を経て、二〇一五年春より多摩動物公園昆虫園勤務。「南西諸島のいきもの」のコーナーで、石垣島などに棲む虫やトカゲの飼育を担当。オガサワラシジミの保全にも奮闘中。

金井真紀（かない・まき）

１９７４年、千葉県生まれ。文筆家、イラストレーター。任務は「多様性をおもしろがること」。著書に『世界はフムフムで満ちている』『酒場學校の日々』（以上、皓星社）、『はたらく動物と』（ころから）、『パリのすてきなおじさん』（柏書房）、『子どもおもしろ歳時記』（理論社）、『サッカーことばランド』（共著、ころから）、『マル農のひと』（左右社）、『世界のおすもうさん』（岩波書店）がある。

本書は書き下ろしです。
本文中に登場する方々の肩書きや年齢は、いずれも取材時のものです。

世界をカエル 10代からの羅針盤

虫ぎらいはなおるかな？
昆虫の達人に教えを乞《こ》う

2019年5月　初版
2021年6月　第2刷発行

著　者　金井真紀
装　丁　笠井亞子
発行者　内田克幸
編　集　芳本律子
発行所　株式会社理論社
〒101-0062 東京都千代田区神田駿河台2-5
電話　営業　03-6264-8890　編集 03-6264-8891
URL　https://www.rironsha.com

印刷・製本　中央精版印刷

ISBN978-4-652-20309-5 NDC916 四六判 19cm 159p